成為自己的門徒

Becoming Your Own Master

洪敏喬 Anna Hung ——— 著

推薦序一

「源能量理論，就像一本人類的使用說明書。」人生最重要的事情是什麼？如何才能活出有意義的人生？什麼是源能量？如何體悟與創造平衡的源能量？

本書是作者在心靈成長過程中，把自身體悟源能量的轉化與提升，無私的分享給讀者。這是一本幫助心靈成長與修行的指導手冊，值得有志者仔細的閱讀。

絕大多數的人一輩子，都是活在頭腦不斷比較好壞、批判對錯、計較得失的狀態中。這樣不但無法做到無條件的愛，更會在生活中產生不斷的煩惱、憤怒、焦慮等負面情緒。如何從活在「頭腦」的狀態，提升到活在與萬物一體的「心」的狀態？能夠不再用頭腦計較，才能真的做到無條件的愛與慈悲。

如何才能夠活的平靜快樂？大多數的人都遠離嬰兒時期內在平靜喜悅、精力充沛的狀態，所以每天都在不斷的耗損精神能量。人生最重要的事，就是要活的平靜快樂！修行就是不斷的提升能量與頻率，平靜快樂與慈悲才能提升能量。催眠強調療癒過去的創傷，清除潛意識中負面的能量。幫助個案回到身心安頓的狀態，才能完成此生的使命。而源能量倡導的靈性修煉模式是從自身的身體、情緒、精神三者開始，首先讓這三者平衡運作，之後涵養意識體，打好靈性修練的基礎。兩者確有異曲同工之妙，補足了很多宗教修行之不足！人是介於神與野獸之間，向上提升可以成為聖人、真人、神人；向下沈淪會像野獸甚至比禽獸更不如。既然人有無限的潛能，可以超越凡人達到更高的境界，為什麼我們不努力向上提升？源能量提供了一個可以按部就班的方法，讓我們可以提高頻率，不斷地精進，做喜樂的事，增加幸福感，積善積德，提升靈魂的頻率，最終回到源頭。祝福所有有志修行的朋友，都能心想事成！不虛此生！

推薦人　陳一德醫師

- 美國 NGH 催眠師協會 亞洲區總監
- 中華身心靈成長協會 理事長
- 催眠理想國 創辦人

推薦序二

有緣認識作者已經近三十年，她個人獨有的氣質在初見時就被她深深吸引，無奈年輕理工科的我對於形而上的事物，有著理工人的鐵齒與排斥。但，怎知這三十年來的生活歷練，讓我不得不反思年輕的自己太過絕斷，也想藉由這樣的反思來推薦這本書。

沒有三稜鏡之前人們不知道光的7彩顏色，沒有發明收音機前我們不知道空氣可以傳遞看不見的聲音訊號……。如果我們果斷的認為看不到、聽不到、聞不到、嚐不到、摸不到，那"祂"就不存在的話，就如同科技還沒推展前的無知懷疑一般，理工科學可解釋的可能只有宇宙間的1%，光解釋人們晚上睡覺做夢這件事情，科學家都還沒有一個定論呢！有時候我都懷疑我做夢時是跨越了平行宇宙。

人們之所以知道春夏秋冬的季節變化是因為經驗的累積（每年都會經歷過一次），但每個人的人生都只有一次，走過的每一天終不再返，如果您願意走入作者人生的領悟中，想必一定會有與作者同樣的心領神會。這樣的共鳴共振也是一種〝吾道不孤德必有鄰〞的能量傳遞。上帝造物給了我們五覺（視、聽、嗅、味、觸）讓我們接收可以感受的具體呈現，上天也給我們一些形而上的感知器：心、思、想、靈、冥，而這些感知器是需要被發掘，引導，啟動的。相信讀者朋友們能從這本書裡面找到可以開啟這些感知機的鑰匙，從此開展不一樣的人生視角與旅程。

推薦人　王政傑

- 成功大學機械研究所畢業
- 食物鏈寧靜革命的推行者
- 走進廚房遠離藥房的食安講師
- 黑豆桑健康醬料品牌創始人

推薦序三

花蓮老家給我印象最深刻的是書架上滿滿的書，中學生的我特別喜歡研讀精神病相關的心理學書籍，感覺就像是從一個門縫裏偷窺了新世界。直到讀大學選修不少心理學的課程才稍稍滿足求知欲。多年來我一直折騰，除了工研院三年科研生活比較〝正常〞之外，我在各種業務工作中打滾，也懷疑著生活忙忙碌碌到底圖些什麼？期間我也嘗試著找答案，例如成功學：SMI 美國成功激勵學院，但是隱隱覺得還是有更深層的東西我必須探索。二十多年前在讀書會認識洪老師，揮灑自如的她，光彩照人，活脫脫就是個羽扇綸巾的女諸葛，我們這一群迷弟迷妹就成為她忠實的粉絲，之後也因為她的指導，在業務上得到許多的啟發。但成為我人生轉捩點的，是她引導我進入瞭解自我的旅程。終於，有一個課程漸進地讓我認識我自己，由淺入深，協助我認識生命，體驗能量，運用呼吸等等的技巧，開發潛能讓我們真正地感受、享受生活。那當年談笑有鴻儒，聊的是能量、量子糾纏，切磋的是打坐、靜心的心得，透過療癒，我們見自己、見天地、見眾生。映照著日月潭的波光瀲灩，百餘人靜靜地品香；流淌在幸福裏，擁抱父母親人，讓一顆心陪伴著另一顆心；凝視著塔羅牌，卸下心防痛哭流涕；在印度恒河的發源地打坐，感受空性，剎那即是永恆。也許，勇者真正的征途並不是遠方的星辰大海，而是內在潛意識，以及天人合一的境界。

在北京生活，仍有幸繼續追隨洪老師學習，從讀書會，天使學院，催眠課程，無一不是以能量為導向，引導意識與深層潛意識的轉化，拿回自己的力量讓我們有源源不絕的動力面對生活，透過傳愛的活動，成為一個發光體。例如，面對疫情，三把金鑰匙〝放輕鬆，看自己，不知道〞就幫助我，不壓抑不自尋煩腦。期間通過直播演講，也協助朋友緩解壓力，確實，助人為快樂之本！絮絮叨叨了這麼多，除了感恩洪老師之外，更重要是推薦大家好好的讀這本書，瞭解一下你自己，畢竟你是你生命的主人。此時此刻，是哪一個你在面對生活？肉體、情緒體、精神體，意識體、靈魂體？又面對哪些功課呢？期待您擁有和諧美好的人生！對了，哪怕是上帝按下爆破的按鈕，你依然會感恩含笑面對喔！我是一切問題的根源，愛是一切問題的答案！感恩感謝！

推薦人　羅友舜

- 台灣大學 公共衛生研究所環境衛生暨管理組碩士
- 工研院 工業安全衛生及管理中心 副研究員
- 生命數字暨塔羅牌諮詢師
- 美國 NGH 認證 催眠師

推薦序四

我與小喬老師相識已有二十多年了，然而卻是到近五年前，我才首次接觸到她所提出的源能量五體理論。生活中我開始細心檢視自己在工作態度、人際關係、及決策過程上是否因為內在的源能量五體彼此拉扯而顯化成外在的矛盾和衝突。這種體會讓我常常有茅塞頓開，仿佛大夢初醒的感覺。我在學術界工作二十多年，專注於分子影像技術的研究，其應用範圍包括疾病檢測、腦部功能、以及精神方面異常的研究。科學研究一直是我興趣所在，學術圈鼓勵創新，容許個人思想放飛的大環境是對我最大的吸引力。然而，在現今這麼一個高度分工、追求極致工作效率以及組織利益最大化的環境之下，即便是做科研，其價值的認定也往往被定義成論文被引用的次數、以及研究經費的多寡。其結果是大家都得往熱門的課題靠攏，研究自己有興趣的方向似乎成了遙不可及的理想。在一個鼓勵研發創新的大環境尚且如此，絕大部分的工作對個體的差異性、個人需求和價值經常更是忽視甚至壓抑的。

然而一個人的價值，必須由別人定義嗎？我們在成長和生活中不斷學習，同時也不斷被社會的期望和定義所束縛。在一個不太鼓勵個體獨特性的社會中，每個人的無限可能性似乎逐漸喪失，靈性被理性掩埋。隨著年齡成長，我們的意識逐漸趨於一致，到底是因為更加智慧和成熟，還是最終不自覺地妥協於社會價值體系？我們何時才能夠擁有力量，去重新定義自己的價值觀？我們如何透過清明的洞見讓自己的決策不被一時的情緒，或是他人的價值觀所左右？

小喬老師的源能量五體理論提供了一個有系統可循的途徑，將人這一個極度複雜的有機體分解為身體、情緒、精神、意識和靈性五種能量。她通過一系列深入淺出的例子，說明了這些能量之間的交互作用和影響。這本書提供的不是學院派的理論，它讓我們能夠更好地理解生命中五個最重要的能量之間的相互關係和拉扯。它幫助我更清晰地看到，自己每一刻的感受和行為是受到哪一個能量的主導，進而能夠主動協調和善用自己內在的本源能量，創造成功。如今，我在科研上更能主導自己努力的方向，工作的樂趣不再被外界的價值判斷所左右。生活中追求的則是內在靈性的自足和圓滿。源能量五體理論不僅讓我對科研的態度有所幫助，同時也在個人成長和自我實現的旅程中提供了指導和啟發。它已經改變了我的思維方式，使我更注重身心靈的平衡，以應對生活中的各種挑戰。希望你也能得到類似的啟發，重新更加深刻地理解自己和這個世界，有朝一日成為自己的信徒。

推薦人　　戴元川

- 美國加州大學洛杉磯分校　醫學物理博士
- 美國聖路易華盛頓大學放射學系　電機系　醫學工程系副教授
- 美國國家衛生研究院　能源部　國科會研究計劃主持人

作者自序

回想起來，第一次動筆是在 2020 年北京的隔離酒店裡，完成這本書的整個經歷，正好重合在一段考驗人類文明的特殊時刻，我們身處一個史無前例的疫情爆發中。在過去的三年裡，我曾多次升起放棄的念頭，但最終我能堅持到完成，這其中主要的動力來自於北京許多學員們不停歇的鼓勵，他們是我的靈魂家人，也是我成長的基石。

回顧創建「源能量體系」的初衷，是源於我對於身心靈健康的關切。身邊許多優秀的朋友，他們肩負著家庭及社會的責任和期望，努力工作、充實自己，全力付出。但一旦與他們有了觸及內心的深入交談，就會發現這些優秀自律的成功形象，並不是他們內心裡真正的模樣。共通點都是疲憊和不容易感到真正的快樂，甚至導致睡眠及亞健康的問題叢生。而我，也曾經在這種狀態下艱難得撐了好幾年。每一次的挫折和困難都是成長的機會。正是這些看似不可逾越的障礙，激發了我對於所學知識的更深入思考，將過去人生積累的知識做一個融合的理解與詮釋。

國學，在我們的傳統文化中，有著尊重自然、謙和虛心的價值觀，這些價值觀在現代社會依然具有重要意義。心理學則為我提供了更深入的洞察力，我們每個人都是情感和思想的複雜組合，而理解自己的內心世界是需要方法的。佛學深奧究竟的法理更是在我生命中發揮了根本性的影響。教導我們要超越執著，以平和超然的心態看待一切。這樣的教誨在我面對挫折時成為了內心的寶藏。

源能量體系，正是基於這些知識領域的交集，並結合十多年來自我修行與實操療癒的經驗，形成本書所談論的主題。這是我個人真實的生活經歷與內心對知識體悟的分享。我深信，每個人內心都擁有源源不絕的能量，只需發現並運用它，便能夠更從容地應對生活中的種種挑戰。在這個瞬息萬變的時代，讓我們一起學會保持內心的寧靜，學會從每一次的起落中獲取智慧，並在這源能量體系中找到屬於自己的力量。

最後，我由衷感謝那些在我低谷時伸出援手的人們，正是因為你們的鼓勵，我才能走到今天。也希望這份感激之情能夠通過這篇序言傳達給每一位讀者。願我們在這段共同成長的旅程中，彼此激勵，共同前行。衷心感謝！

我存在，我服務。

洪敏喬 Anna

contents 目錄

課程摘錄精華

待續 ……………

Chapter 1

能量的交匯：自我認識的起點

在這個複雜多變的世界裡，「人」是一個特別的存在，由實質到虛無，共分成了五個層面：身體、情緒體、精神體、意識體、靈性體。這五個層面緊密相連，相互交融，我們稱之為「源能量」。源能量不僅是生命的本質，更是一種奧妙的存在，以一種細微而複雜的方式運作。

萬物皆由能量構成，人也不例外。作為生命的一部分，我們不僅能夠釋放出源源不絕的能量，還能透過與宇宙本源的連結，得到無限的能量共振與交融。所有的奧秘，都與源能量息息相關，這種聯繫既深邃又微妙，讓人不得不感到敬畏。認識「源能量」的涵義，以及它與我們的連結，是一場充滿挑戰性與興奮的探索。一旦我們學會充分運用這份源能量，就能夠喚醒內在的潛力，捉住每一次的機遇，巧妙運用周遭的資源，從而改變命運，邁向充滿光彩的成功之路。所以，在人生中每個新階段的開始之前，我們必須細緻地檢視源能量的狀態，進行調整與優化，讓它成為我們邁向下一個階段的牢固基石。

✦ 努力不一定就會成功

從幼年時期，我們就被灌輸著「努力」的信仰，被告知只有通過刻苦學習，才能在競爭激烈的世界中脫穎而出。隨著成長，我們明白了，努力並不保證成功，然而不努力卻注定失敗。只要我們勇於投入努力，就會在某種程度上看到成果，儘管這些成果未必如我們所願，但付出本身已經引發了變化。雖然人有好逸惡勞的本性，但該做的事沒做或拖延，無法承擔該負的責任，沒盡到自己的本分時，其實內心是瞧不起自己的，甚至因此產生罪惡感。這種「自我輕視」的否定力量比來自他人的指責更大。然而，成功的關鍵在於「如何努力」，適得其反的努力方式可能一無所獲。除了個人機遇不同之外，導致失敗的核心問題往往在於源能量的不平衡，甚至可能根本未啟動源能量。在這樣的情況下，簡單的努力是徒勞無功的，甚至可能適得其反，加劇身體健康問題，或陷入心理疾病的泥淖。

✦ 源能量的平衡與失衡

當源能量失衡時，情緒容易受外界波動影響，很難保持內心的寧靜，脾氣也容易失控。或者因自身懶散的性格，使得行事總是習慣拖延；又或者因優柔寡斷的個性使然，難以在重要事務上作出抉擇，卻總喜歡在小事上固執己見，拒絕妥協。另外有些人對事情總是熱情瞬間爆發，卻難以持久，一遇到困難就抱怨命運對他們不公平，只會怨天尤人，認為自己時運不濟。若遇到以上類似的情況，最好的方法是暫時停下來，此時過度的努力只會更加耗損能量。

✦ 情緒的變化無常本是自然

「人」是一個極端複雜的存在，當思維、語言和行為不協調時，也就是「想的」、「說的」、「做的」不一致時並非異常，需要以開放的心態來理解。這三個方面的變化，除了可能因外在環境改變而變動外，它們彼此之間也可能產生衝突。外界不斷變幻，時光流逝，身邊的人匆匆來去，我們在不斷接受外界資訊的同時，內心感受也因此而改變，進而影響我們的反應和決策。這種現象既是常態，也是自然反應。比如，在一個晴朗的早晨，你可能計劃著去郊遊，但一場驟雨突然降臨，你改變主意決定在家看書。在這種情況下，即使你之前說過不管做什麼都好，內心卻排斥這種突如其來的改變。又比如兩個朋友約好去吃日本料理，也事先預訂了桌位，在停好車走到餐廳的途中，火鍋店飄出誘人的香氣，這時其中一人瞬間不想吃日本料理了，寧可換到火鍋店排隊稍候，另一人雖然沒有表示反對，依然配合朋友的新決定，但對於突然改變計劃很不適應，心裡就是排斥不按牌理出牌的行為。在愛情中，人們更容易經歷情感的波動，情緒時而高漲，時而低落。情緒的變動固然正常，但在漫長的人生中，需要持續的奮鬥和不斷做出抉擇，於是調控情緒變得至關重要。

✦ 掌握自我邁向成功

在日常生活中，一些微不足道的小事可能對我們的生活影響不大。然而，對於那些決定著我們成功與否的重大事項，是否能夠掌握自己的情緒和行為，顯示了我們能否成功的關鍵。成功的人能夠自我控制，而那些在這方面表現薄弱的人，其成就相形見絀。無法自我掌控的人，在人際關係中常常缺乏可靠性，因此難以獲得真正的支持和影響力。雖然他們可能有很多朋友，但人際關係卻往往脆弱，因為沒有人會真心信任一個不值得信賴的人。因此，缺乏自我管理能力的人，儘管在日日忙碌的奔波中度過，卻更容易面臨失敗。

深入自我 掌握命運

既然人人渴望擁有踏實、努力、卓越、值得信賴且有價值的人生，那麼為何仍然有如此之多的人陷入失敗、被迫放棄夢想、過著平庸的生活呢？根本原因就在於自身的源能量。所以若我們想要在人生的道路上獲得成功，就必須能夠掌握自己，而實現自我管理的關鍵，首先建立在深刻了解自我的基礎之上，理解五體：身體、情緒體、精神體、意識體、靈性體，這五個層面各自的特點，讓其相互連結，共同運轉，形成了健康且平衡的「源能量」，如同一首優美的交響樂，讓這五個層面交織在一起，創造出生命的和諧旋律。

本章總覽

- 我們可以藉由這個微妙的生命體，與宇宙的根本能量相連結，並回到能量的源頭。
- 瞭解如何運用源能量，就能喚醒內在的無限潛力，捕捉每個機遇，善用周遭的資源，從而改變命運，邁向成功之路。
- 不恰當的努力方式可能徒勞無功，源能量的平衡與否是關鍵，有時甚至可能未曾啟動源能量。
- 當源能量失衡時，請適時暫停下來，此刻過度的努力只會消耗更多。
- 想要創造卓越的人生，首要之務就是先深入了解自己。
- 源能量由身體、情緒體、精神體、意識體、靈性體五個層面融合運轉而成。

Chapter 2

奧秘的三角錐：探索五體能量的交織關係

在大自然的美妙中，可以找到豐富的比喻，來深入理解源能量的五個體，這五個體交織成一個奧秘的三角錐，形成源能量的模型。藉由自然景象的比喻，我們可以更直觀地理解它們的特質和互動關係。讓我們一同深入探索這五個體，並學習如何在它們的相互作用中實現平衡，進而創造出豐盛而有意義的生命。

宇宙中蘊含著各種不同形式的能量，萬物因此而生，而人類作為這無限宇宙的一環，自然也遵循這些相同的能量法則。接下來，我們將深入探討每個人內在能量的來源——「源能量」——其所蘊含的意義，以及對個人所帶來的深遠影響。

✦ 五個主要層面：解構源能量

源能量包含五個主要層面，分別為身體、情緒體、精神體、意識體以及靈性體。這五者的結合，並非平面並列的五個板塊，而是呈現出一種三角錐的結構（註：請參考圖解）。身體、情緒體以及精神體各為三角錐底部的三個邊角，三者相連組成一個平面的三角形。三角錐上方尖端則象徵意識體，而連結各角之間的面則代表著靈性體。只有當這個三角錐結構得以穩固，我們才能啟動內在的能量源源不斷地流動，創造出和諧平衡的能量場。這樣的平衡，才有助於我們展現內在的天賦和潛能，創造出屬於自己獨特的生命價值。讓我們一起來探索如何達到三角錐整體的穩固與平衡，讓生命充滿美好的意義和力量吧！

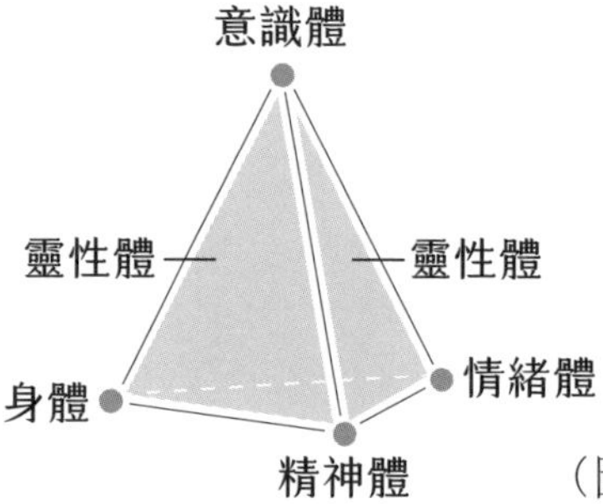

（圖解）

✦ 身體／沙灘的秘密

我們的身體，如同一台精密的機器，透過五官（視覺、聽覺、嗅覺、味覺、觸覺）來感知這個世界，將接收到的各種訊息傳輸到大腦，讓大腦做出判斷及反應。這個機器自動運作，不間斷地處理吸入的空氣、水分以及食物，還包含我們看到、聽到、感覺到的所有一切。若讓我們自主地對這套系統下指令，不僅會錯誤百出也絕不可能有餘力處理其他的事了。然而，我們常常忽略這個神奇的機器，未能真正尊重和珍惜它。身體有著自主管理的能力，通過自律神經系統和自我免疫系統來維持我們的生命體徵並從不歇息。要想與這個世界互動，我們完全依賴這個精密的身體，但我們對身體的尊重與珍惜不足，所以我們應該像參與「淨灘活動」保護環境一樣，也應該經常進行「淨化身體的活動」，對它抱著感謝跟尊重的態度，讓身體保持協調舒適，綻放健康陽光的氛圍。

✦ 情緒體／大海的情感漩渦

情緒體猶如大海，深不可測，時而平靜，時而翻騰。每個人的情緒獨特而主觀，從喜悅到悲傷，從熱情到冷漠，種種情感從情緒體湧現。這些情感的強度因人而異，因此世界因著情緒的多樣性而更加豐富。正如海面的波濤風浪，情緒也可能受到外界的影響，從而引發連鎖反應。情緒體發動的能量無關是非對錯，也因為這股情緒能量讓我們突破身體的邊界，讓人與人的情感能相互流動。保持積極情緒，減少負面情緒的侵襲，是我們的生活課題之一。如同在大海中保持良好的航行，我們應該學會維護情緒體的穩定，以實現心靈的和諧。

✦ 精神體／天空的智慧啟示

精神體，像天空一樣無垠，主宰著我們的思考和價值觀。精神體從更高的視角來思考，經由學習、文化跟經驗來建構信念體系，為我們的信仰和價值系統提供指引。它需要對情緒體進行調節，從而在情感的波動中保持理智和平衡。當我們的精神狀態良好，如同晴空萬里，我們的思考也更加清晰。就像良好的空氣品質有益於健康，我們也應該維護良好的精神狀態，以確保內心的清澈與活力。

✦ 意識體／星辰的未來探索

意識體是我們內心的先知，像遠處的星辰般閃耀。它具備前瞻性思維和創造力，能夠挖掘出更多的可能性，為我們的未來探索開闢道路。精神體可能局限於已知的範疇，而意識體卻更傾向於冒險與創新。保持彈性的意識體，能夠迎接各種挑戰，並在不斷的探索中獲得成長。健康的意識體具備幾項特質，包括深度思考、融合他人觀點、破除自我信念等能力。

✦ 靈性體／宇宙的奧秘解析

靈性體如同宇宙，是我們內在世界與外在世界相互的連結。它引領我們深入探索內在深處，理解生命的奧妙。靈性體讓我們能夠感知萬物的能量，與宇宙建立聯繫，實現內心與外在的和諧共存。

✦ 大自然的比喻／五體的特性

透過大自然中的不同景象，以更具體的方式來理解源能量的五個層面，能更貼近的與生活相結合。以此比喻，我們可以更深入地探索每個層面的特質和意義。身體的比喻是沙灘。就像一片沙灘如果堆滿垃圾，人們會覺得不美觀與不舒適，沙灘的垃圾就如同體內的氣滯與瘀堵，所以身體也如同這片沙灘，需保持潔淨，避免體內能量的阻塞，維持健康通暢的代謝與循環，同時也能讓旁人感受到陽光樂觀的氛圍。

情緒體如同大海，深不可測，時而風平浪靜，時而波濤洶湧。如同無法丈量海底深處的海溝一樣，每個人的情緒低谷不同也很難預測。人與人的情緒很容易相互影響，就如同一陣風引起千層浪一樣有無數漣漪產生。然而平靜無波的海平面並不代表海面下就沒有能量在蓄積，情緒體是很容易被引動被感染的，因此，學會保持正向情緒，減少負面情緒的影響，成為培養高尚情操的關鍵。

精神體用天空比喻，就如空氣的品質反映城市的宜居程度，精神的狀態也影響我們的思考與行動。保持良好的精神狀態，如晴空萬里，有助於思考和行動的清晰與高效。萎靡的精神狀態，如同受到污染的空氣，在這種環境下拼命工作，會加速危及身體的健康。

意識體比喻成星辰。從宇宙角度看，我們微不足道，然而，意識體能夠提升我們對身體、情緒、精神的理解，讓我們從更高的視野來審視這三者是否平衡，也能讓我們超然於角色之外，遊戲於人間，並擴大我們的心胸，以更真善美的方式面對生活。

靈性體象徵宇宙，靈性體連結我們與宇宙的關係，使我們能感受萬物的能量，與地球母親共振，更深入地理解生命的奧妙，得以具備和諧感恩悲憫的態度與宇宙共存。這些比喻幫助我們更清楚地理解源能量的不同層面，讓我們能夠更有意識地培養這些層面的能量，創造出更豐富、平衡且有意義的生活。

本章總覽

- 源能量所組成的三角錐一旦穩固，便能啟動內在源源不絕的能量，形成和諧平衡的磁場，從而創造出有意義的生命價值。
- 身體可比喻為一台精密的機器，擁有自主管理的能力。我們需要尊重並珍惜身體，因為我們需要依靠它來經驗整個世界。
- 情緒體類似於大海，情緒起伏不定。我們的主觀體驗在情緒體層面超越對錯的判斷，並透過情緒體突破身體的界線讓內在情感得以流動。
- 精神體作為內在的導師，具有求知和分析的能力，能從更高的層次進行思考。它與個人的信念系統和價值體系緊密相關。
- 意識體則象徵星辰，能夠前瞻性地思考和探索未知，需要保持彈性，以容納更多的可能性。
- 健康的意識體具備幾項特質，包括深度思考、融合他人觀點、破除自我信念等能力。
- 靈性體是綜合的能量狀態，無法在生活中單獨展現，能驅動我們挖掘內在，還引領我們去探索宇宙的奧秘。
- 身體被比喻為沙灘，我們應該經常進行「淨灘活動」，保持身體的協調舒適，散發健康陽光的氣息。
- 情緒體的張力變化多端，類似於大海的波濤很難預測。多數人的情緒易被撩動，需要重視情緒之間的相互感染，如何保持正向情緒，減少被負面的情緒干擾，是很重要的人生課題。

- 精神體比喻為天空，天氣狀態就如同精神狀態，精神體的品質就如同空氣的品質。於精神狀態差時仍不停運轉，就像在嚴重的霧霾中不停歇的喘氣奔跑，長期下來影響自身健康，應停下腳步涵養精神體，以好的狀態運作。
- 意識體就像遙遠的星辰，從意識體的角度不僅能將身體、情緒體、精神體相互之間的作用看得更清楚，也能讓我們保持超然的視野來看待世間一切的人事物。
- 靈性體如同宇宙，不論有形或無形之物質均不能自外於宇宙相互連結的關係中，靈性體幫助我們突破身體的邊界，感知萬物的能量，接受地球滋養，理解生命奧妙，與萬物和諧共存。

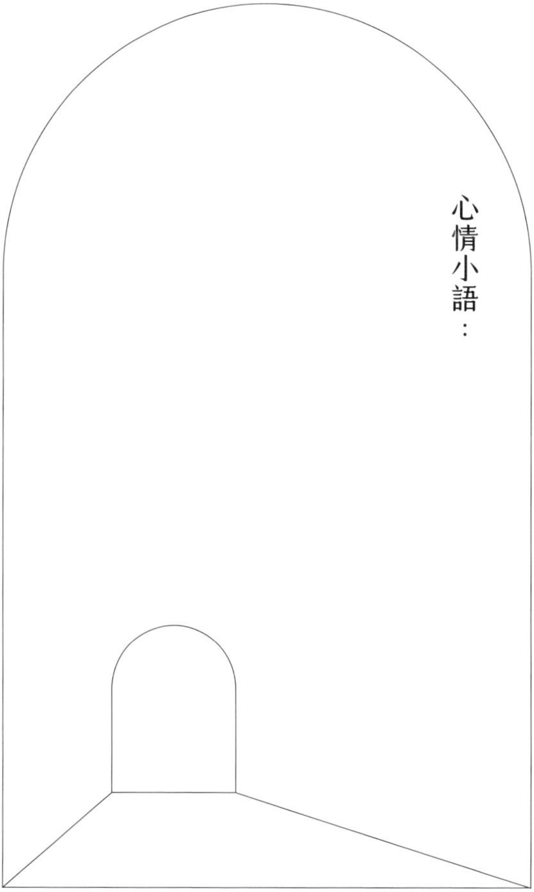

心情小語：

Chapter 3

個體之美：多元的源能量特質

每一個人源能量的特質不同，就如同花園內的花朵綻放的季節不同，每種花都各具特色。我們會欣賞百合與玫瑰各自的美，但卻常常將人們放在同一標準互相比較。我們應該專注於喚起自身的源能量，發揮其獨特之處，挖掘自己的長處，融合各層面的能量，達到和諧平衡，而不是僅將時間用於彌補自己的短處，或是與他人的比較。

✦ 個體的成長旅程：源能量的獨特形成

每一個人從出生開始，因其家庭背景、教育環境、成長經歷以及情感體驗等各有差異。在人生的旅程中，有些人自然而然地運用其源能量，發揮其獨特的能力與長處，從而順利獲得成功的機會。

✦ 源能量的融合與表現

以歌手為例，有些人能夠長時間保持受歡迎，這種現象使人認為他們天生就擁有非凡的歌唱天賦，因此贏得了名聲和成就。然而，我們往往只關注那些成功嶄露頭角的人，而忽略了更多被埋沒的人。那些能夠在舞台上不斷發光發熱的歌手，實際上是因為他們巧妙運用自身源能量的成份。首先，他們在「身體」上進行反覆的訓練，例如呼吸控制、聲音表達、肺活量訓練和音域準確性等等，然後他們將情感融入其中，運用「情緒體」的力量，引起聽眾的共鳴。最後，他們在「精神體」中內化歌詞的意境，將自己的真實感受與經歷融入其中。這樣的融合使他們的表演不僅是技巧的展現，更是情感和故事的傳達，引起人們的共情與共鳴。只有當歌手表現出源能量的品質時，音樂療癒人心的作用及藝術性才能發揮出來，歌手也才能在舞台上長久地發揮魅力及影響力。

然而，有一些藝人雖然擁有站上舞臺表演的機會，卻因前三體（身體、情緒、精神）的能量失衡，而難以長久嶄露頭角。有些人天生缺乏表演的長才，倚賴聲光媒體的包裝堆砌，卻難以經受時間的考驗，最終只能如曇花一現，在快速競爭的洪流中逐漸淡出人們的視線。

✦ 多樣性的源能量

每一個人的源能量特質都獨一無二，猶如花園中的花朵，在不同的季節綻放，各自擁有其獨特之處。我們不會將百合與玫瑰進行無謂的比較，然而卻時常將人與人之間的差異拿來評斷。因此，我們應專注於喚醒內在的源能量，發揮其潛能，挖掘並協調個人的長處，而非盲目花費時間在彌補短處，與他人比較。

✦ 源能量與外部資源相互循環

在發展源能量的過程中，我們可運用身邊的外部資源來滋養五體。這些外部資源包括金錢、人脈、成長機會等，將這些外部資源再次投資到自己身上，讓我們能夠持續創新並突破自我。如此一來，個人的源能量將與外部資源之間形成良性循環，助我們逐步攀登人生巔峰。然而令人遺憾的是，大部分人往往陷入負向的循環。當源能量不足，或五體失去平衡，導致在學業、工作或情感關係中無法適切表達自我，難以獲得他人的認同或實質報酬。這些沈重、壓抑、不滿、悔恨、埋怨、失落的情緒滲入五體，加速源能量的耗損與失衡。一旦失衡產生，正向思維及行動愈發困難，不僅無法提升自己的經濟實力，也很難擁有優質的人脈。於是就易發缺乏充沛的外部資源來涵養源能量，於是這樣的負向循環限制了我們實踐理想的可能，束縛著我們展翅高飛的能力，逼迫我們接受自己無價值，讓步與妥協，最終成為失敗者。

✦ 冒險的旅程／解放源能量

當我們凝望身處的現實，從出生開始，踏足到現在的年歲，不論是年屆三十、四十，甚或五十，有多少人能夠毫無保留地展現真正的自我？然而，更令人心痛的是，許多人甚至不曉得真正的自我是怎樣的，該如何讓它呈現在生活之中？有些人自小就在父母的期望之下，逐漸被塑造成一種既定的樣貌。長大成人後，他們在面對自己愛的人、在乎的人、具有專業權威的人時，總是習慣配合對方遵從他們的意見來生活，只為了滿足對方的期待，得到肯定跟讚揚。於是，在漫長的歲月中，這些人變得只會盲從他人的意願，將所有心力都投注於如何達到別人的期望，如何取悅他人。他們需要藉由外界的認同和讚賞，才能感受到自身的價值。這種取悅型的人格，漸漸使他們把自己的本質淡忘，把自己的真實內在丟在一旁。這種狀態不僅讓人感到疲憊不堪，還深深削弱了自己的源能量。因此，他們的一生似乎總是在別人的期望下度過，與內在的自我斷開，從未真正去深入挖掘自己的優點和不足，也無法真正發揮自己的特色，真是莫大的遺憾！

✦ 錯過不再／中年的遺憾

提到這裡，我不禁想起我的父親。記憶中從我上學開始，直到他年老，長達四十多年的時光，他多次提起他年輕時曾經的遺憾。當時的他擁有一份安定的職業及一家五口溫暖的小家庭。在累積了幾年的工作經驗及一些小積蓄的基礎上，他遇到一個極有發展並適合他的創業機會。由於我奶奶認為家中都是讀書人，沒有商業經驗，而且他已經有了家庭，做生意的風險過大，萬一失敗可能影響到家中老人和兄弟姐妹，所以在我奶奶堅決反對下，他不得不放棄了創業的念頭。父親從小就是一個聽話守規矩的人，儘管內心對創業充滿渴望，卻也缺乏足夠的自信，又加上親人的阻撓，從此就澆熄了他創業的火苗。於是他繼續安住在一份穩定的工作中，日復一日。然而，在他放棄的一年多之後，在同一間商舖，有個人以相同的模式，經營了我父親當初所規劃的事業。往後幾年生意都很好，獲利豐厚非常成功。這讓我父親認識到，他當初的判斷是正確的，但這也同時加深了他的遺憾。雖然他的職業生涯一直很穩定，直至退休，卻無法填補他內心的悔恨。當然，即使當初我父親真的嘗試去創業了，也未必能成功，因為別人能成並不代表他也一定能成。然而，因為沒有去嘗試，便永遠不會知道結果如何，便永遠處在懊悔之中。很幸運的是，父親因為自身的經歷，所以他從不插手我們兄妹三人的工作發展。在我多年的創業過程中，遇到多次的起伏跟困難，他總是支持我，鼓勵我面對各種挑戰和危機，看著我創業的過程，他可能也藉此替年輕的自己尋找一些補償跟慰藉。年輕時因為保守，他抑制了自己的源能量。如今，當我走過人生的大半時光，我更能體會中年人的悔恨和遺憾。

除了那些因為種種原因錯失了開展源能量的機會的人以外，還有一部分人在成長過程中，身處於責罵和爭吵的氛圍之中。他們的家庭環境充斥著負面的、否定的言語，這樣的環境塑造了他們對自己的自信心和自我價值產生懷疑。長大後，這些人可能養成缺乏自信、自我質疑的性格特質，這正是他們的精神層面長時間受到打擊，進而影響了源能量的流動和耗弱的表現。

✦ 照亮心靈／平衡五體 展現真我

生活的舞台上，活出真正的自己似乎是一門重大的人生課題，然而，具體的方法就是讓我們的「五體」能夠保持平衡，並自然地展現出真正的自我。

在親密關係中，我們常常會遇到一種情況，明明不願意做某事，或對某些觀點持不同意見，但為了維護關係或避免失去，我們選擇壓抑自己的情緒，甚至假裝配合。然而，這些被壓抑的情緒並不會消失，反而會侵蝕我們內在的幸福感。這種負面情緒的能量在我們身體內積壓，不僅對身體造成傷害，而且對關係也毫無益處。隨著時間的推移，這些被壓抑的情緒可能爆發出來，甚至可能導致傷害行為或自傷行為。我們在社會事件中常見，有些人因為長期忍受家庭暴力，最終情緒爆發，對加害者進行報復。這是情緒體長時間遭受壓抑，最終導致精神體崩潰的結果。

那些自我傷害、自我虐待的人往往是因為無法宣洩情緒，也無法找到慰藉。長此以往，他們的自我價值感可能受到損害，產生自我否定的認知偏差。當這種偏差不斷擴大時，有些人可能選擇麻痺自己，比如沉溺於酗酒、賭博、嗜睡等等。還有些人則透過自虐或自殘，通過身體疼痛來掩蓋內心難以處理的痛苦。這些人之所以會選擇自我傷害，是因為情緒體的不平衡導致他們無法正確處理內心的情感。儘管心知肚明自己正在傷害自己，但他們卻無法控制。然而，這正是一個極為關鍵的自我挽救時刻，就像站在人生的十字路口，只要我們能夠決心珍惜自己，我們將會走上愛自己的道路，用精神體的力量戰勝負面情緒體的影響。

✦ 父母的背影／愛恨交織

在這個真實的故事中，我們見證了小娟的成長經歷，一位即將大學畢業的年輕女孩。她的童年被父親的出軌所影響，父母的離異早早降臨，她與母親一起生活。父親在事業上的發展十分順利，有很大的成就。但對於父親出軌的背叛，深深烙印在小娟的心中。她的情感充滿了愛與怨恨的交織，對於父親既崇拜又怨恨。

✦ 情感的螺旋／偏差與衝突

這情感的迷茫在她的心靈中延伸。小娟努力取悅父親，渴望得到他的愛，卻又無法抑制內心的怨恨。每次見面她總以乖巧的模樣來面對父親，以此搏得父親的關注跟讚揚，內心卻為了需卑微來獲得父愛感到極度委屈。逐漸將這種矛盾情感的痛苦，轉化為對母親的批判，認為是因為母親不夠好，才導致父親的外遇，甚至覺得母親是三人痛苦來源的起因。但自小與母親一起生活，承受著養育之恩，故而在母親面前，只能裝作平靜無事，將批判與不滿壓抑下來。這種種複雜的情感糾結，讓她在內心不斷掙扎衝突，無法找到平衡點。

✦ 心靈的崩潰／怨恨爆發

隨著時間的推移，小娟內心情感的矛盾日益嚴重，她的行為也出現了極大的偏差。她不斷地向她身邊的同學訴說對父親的不滿，卻在手臂紋上父親的名字。同時，她逃避與母親相處，但在內心卻充滿了罪惡感，這種不平衡的情感狀態，讓她長期失眠並陷入自殘的行為，且日益頻繁和嚴重。

✦ 逆轉的曙光／找回情感的平衡

小娟的情緒逐漸失去平衡，進入了危險的境地，在當前的處境下根本看不到未來。然而，生命即便再黑暗，都有一線曙光的機會，小娟突然意識到她不願意成為父母感情失敗的犧牲品，想要尋找治癒自己的方法。我們的幫助，讓她有機會將內心的情感宣洩出來，我們與她一同分析她對父母的情感糾結，理性地拆解這個複雜的情感謎團，並教導她如何觀察情緒的起因，並學習與情感和諧共處。通過多次與父母的深入交流，再輔助以書信的溝通，她漸漸釋放了對父親的心結與對母親的批判，讓情緒體跟精神體相互協作取得平衡。

✦ 蛻變的關鍵／源能量的平衡與重建

有些人，他們的內在「源能量」沉睡未覺，生活中只是機械式地應對大小事情。他們習慣於表面地應對，卻少了情感的共鳴。

有些人，人生旅程中發生了意想不到的事件，被創傷深深影響，力量被掏空。創傷讓他們迷失了自己，不知如何繼續前進。

還有一些人，生活的重擔讓他們無法承受，源能量被過度消耗，卻無法改變現況。身體長期處於疲累和壓力之下，病痛的信號被忽視。這些症狀其實是內外失衡的表現，源能量的五體已經失衡，彼此之間產生了衝突和不和諧。然而，多數人只專注於病痛本身，急於解決不適和痛苦，卻少有人深入探究症狀背後的成因。即便有人能夠意識到問題的根源，卻因種種原因而無法改變現況，繼續處於失衡的狀態。然而，是否能成功運用源能量，往往關係到個人的成功、人生是否充實，甚至是否能過上自己渴望的生活。

✦ 充滿力量／源能量的引導

我們或許可以將源能量比作沉睡的能量之光。通過深入的探索、情感的療癒，我們能夠重新點燃這束光芒，恢復生命的平衡。了解並喚醒源能量，就像是探索心靈的奧秘，讓我們能夠在充實與和諧中重塑自我。因此，我們所擁有的「源能量」，決定了我們生命的質量。它如同指南針，指引我們走向成功與否，圓滿與否。它是我們潛藏的力量，只有當我們充分理解和運用這份能量，我們才能走向人生的巔峰，活出自己渴望的生活。

✦ 源能量的多樣性

源能量之中，蘊含著五個獨特的體，各自擁有獨特的特質。每個體都扮演著不同的角色，具備著各自獨特的功能和表現方式。就如你的五指，每一根都有粗細、長短的差異，但都不可或缺。若有其中一隻受傷，不僅會帶來不便，也會增加其他手指的負擔。

生命的旅程猶如拼圖，每一個片段都是你的一部分。然而，不要急於早早地定義自己。就像未拼上的拼圖片段，它們雖然都屬於你，但並不代表整個你。有時，兩個片段的組合並不緊密，這時我們需要找到那個關鍵的片段，才能將拼圖完整地湊合起來。強行將不合適的片段結合，只會留下缺陷，無法呈現完整的圖像。

✦ 耐心對待／自我尊重

要有耐心，但這份耐心不僅是給予他人，更是要給予自己。別與自己過不去，人生是一場關於自我完整的旅程。在肩負情感、壓力與煩惱的生活中，「身心安頓」是我們必須向自己承諾及為自己努力的重要事情。事實上，人生就是在解決問題中前進。我們每天都會遇到各種情境，有些是我們預知的，有些則是出乎意料的。我們需面對各種人，從親人到陌生人，從愛的到恨的。無論是認真應對今天的問題，亦或明天的挑戰，都是我們人生中的一堂課。然而，當我們將矛盾、委屈、將就壓抑在心中，我們的內在能量就像被束縛一般。無論是憤怒、恐懼，亦或擔憂，都隱藏在內心深處。這份被壓抑的能量會釋放出不健康的訊號，引發疾病和情緒困擾。

✦ 綻放成功／源能量的光芒

結論來看，「源能量」決定著我們的人生質量。就像指南針引領我們的方向一樣，源能量也是我們人生的指引。只有當我們能夠理解並充分運用這份能量，我們才能朝著成功、充實和圓滿的人生邁進，活出自己渴望的生活。回望我們周遭，有些人藉著發揮自身的源能量，展現出驚人的成功，成為人生的勝利者，他們成為了成功的典範。每個人都值得在生活中偶爾停下腳步，沉靜心靈，檢視自身源能量的狀態。這個過程類似於檢查並修復我們內在的能量品質。通過涵養源能量，我們能夠維持平衡，使生命的能量自然流動。保持源能量的平衡狀態，將使我們充滿生命力。在這種狀態下，我們將敢於面對挑戰，擁抱豁達的生活態度。我們可以積極地迎接外在的一切，與環境和諧共存。這將為我們帶來豐盛的財富，不僅物質上的，更包括心靈層面的。這樣的生活態度將讓我們展現出至真、至善、至美的生命姿態。我們將活出充滿勇氣、自信和積極向上的模樣，如同生命的藝術家一般，不斷地展現最美麗的自己。

✦ 奧義的探索／追尋真理之路

更進一步，這樣的狀態將賦予我們能力，去更深入地探索宇宙的真理。通過修復和平衡源能量，我們能夠更好地理解自己與宇宙之間的聯繫，並在實踐中不斷尋求奧義的真諦。在這個充滿挑戰和可能性的旅程中，每個人都有著啟程的權利。通過發揮源能量，我們能夠掌握自己的命運，活出充實和有意義的人生。無論是成功的光芒還是內在的探索，源能量將引導我們綻放出生命的無限潛能。

本章總覽

- 在人生的舞台上，善用源能量，將成為把握成功的關鍵。
- 身體、情緒、精神三體的平衡與融合，展現源能量的真髓。
- 以外在資源滋養五體，再投資自己，創新突破，實現正向循環。
- 失去自我、源能量疲弱皆源自原生家庭的負面影響。

・活出自我，關鍵在於平衡五體，讓其自然展現。
・於親密關係中習慣壓抑情緒，可能導致精神體崩潰。
・個人生活與源能量的理解及運用息息相關，重點在喚醒「源能量」。
・勤於暫停，檢視源能量，修復滋養，保持平衡，讓生命能自然流動。

Chapter 4

彩虹之美：源能量對群體的意義

彩虹之美在於多色的共存，人生之美在於多人的共榮。

個體交織成群體，群體凝聚成社會，我們的人生從出生起，就與群體緊密相連。從家庭開始，學校、工作場所，個體與群體緊密相互影響。群體本身也形成了一種新的源能量。家庭和企業等群體的和諧與凝聚，源於成員間的理解與溝通。每個成員若能真實展現自我，群體將具備強大的凝聚力和戰鬥力，能勇敢面對外界的挑戰。因此，源能量五體的平衡不僅對個體至關重要，對於家庭、團隊等群體同樣具有重要意義。個人與群體的源能量互為影響，而群體對個人的影響更是深遠。我們應懷抱積極的能量去參與群體，以正面能量投入其中。當每位成員都用積極、鼓勵、讚美、欣賞和包容的能量投入，群體的默契、情感和創造力將同步提升。

✦ 多彩共存／眾人共榮

在一個群體中，共榮感與強大效應的產生通常具備以下特點：

1. 個人對群體有向心力，群體對個人有凝聚力：每個成員都對群體有歸屬感，並願意為群體的目標和共同利益努力。群體的凝聚力使個人感覺受到支持和鼓勵。
2. 個人對群體坦承，群體對個人理解：成員能夠坦誠地分享自己的想法、感受和需求。而群體則能夠理解和接納這些不同的觀點，從而促進更好的溝通與合作。
3. 個人勇於承擔，群體擅於鼓勵：每位成員都願意承擔責任，並在需要時挺身而出。群體能夠給予成員正面的鼓勵，促使他們更有動力參與，並展現潛能。

4.個人能自律並對自己有要求，群體對個人有鞭策力：成員具有自我約束和追求卓越的意識，而群體則能夠提供正面的壓力和鼓舞，促使每個人都能保持進步。

以上特點中，1和2偏重情緒體，而3和4則與精神體相關。因此，當群體中多數成員的情緒體保持平衡時，就能建立正向氛圍的文化，逐漸影響少數情緒體失衡的成員，幫助他們重新平衡情緒體。同樣的道理也適用於精神體。因此，群體的成員組成至關重要，他們能夠共同影響群體的發展與表現。正如團隊中的一個或幾個充滿抱怨、委屈、消極情緒的成員可能對整體產生負面影響。而一個群體中若以「受害者」心態為主的成員佔多數，可能導致群體瓦解。在群體中，「受害者」心態也是源能量失衡的重要指標之一。

✦ 團隊中的陽光

在競賽型綜藝節目中，常常能見到一個現象，那就是隊伍中充滿了「陽光型」積極樂觀的成員。這些成員所帶來的影響往往遠超過表面的光芒。他們的存在能夠激發出許多的亮點，不僅讓觀眾感動，更能深深激勵人心。這些隊伍通常能夠取得出色的成績，甚至脫穎而出，奪得冠軍。這其中的原因並非僅僅是偶然，而是與個人的源能量狀態息息相關。

這些「陽光型」成員能夠展現出如此積極的樂觀態度，主要來自於他們個人的身體、情緒和精神體達到了一種平衡的狀態。當這三個體能夠和諧地相互協作並融合，個人內在的能量便得以爆發。這樣的人一旦聚集在一起，整個團隊便會凝結出更強的力量，呈現出一加一大於二的效果。這種內在能量的爆發讓他們在競賽中更具有創造力、活力和戰鬥力。

✦ 源能量的共鳴／群體共榮的實現

群體的力量也是從個人的源能量共鳴而來。一個充滿了「陽光型」積極樂觀成員的群體，能夠產生共榮的感覺並發揮強大的效應。這種「陽光型」成員在群體中所發揮的影響力並非僅僅是表面的，而是涉及情緒體和精神體的共振。當一個群體裡有多數情緒體平衡的成員時，這種積極的情緒會在整個群體中形成一種創發的文化。這種文化能夠影響到少數情緒體失衡的成員，逐漸使他們被同化，達到平衡。同樣的道理也適用於精神體。因此，一個群體中的情緒和精神體的平衡與失衡，都將對整個群體的影響產生深遠的影響。

我們經常可以觀察到，一個群體中若存在著一個或幾個充滿抱怨、委屈和消極情緒的成員，整個群體也會受到這些「負面情緒」的影響。這使得整體氛圍變得沉重，缺乏衝勁，導致面對外界的挑戰時無法團結一致。然而，當一個群體中的成員多數都展現出平衡的源能量狀態，特別是情緒和精神體的平衡，便能營造出建設性的群體文化。這種文化能夠讓個人在面對困難時更有韌性，更能團結合作，共同克服困難。當個人投入積極、鼓勵、讚美、欣賞和包容的能量時，這種正向的能量便能在群體中迅速擴散，提升整體的凝聚力和戰鬥力。

群體與個人的共生共榮

就像狼的力量來自於整個狼群，而狼群的力量又來自於每隻狼一樣，人類之所以能夠成為地球上最文明的生命體，是因為歷史上無數的先賢先聖不斷地奮力付出。無論是個體的努力，還是群體的合作，都無法自外於彼此。在微觀的層面上，我們可以在個人生活中實踐平衡的源能量，讓自己成為一個積極、樂觀、充滿活力的人。在宏觀的層面上，我們也應該將這種正面的影響投入到群體中，創建一個能夠共融共榮的文化，讓每個成員都能夠發揮最大的潛力，讓整個團隊在面對挑戰時能夠堅強而團結，同時也讓社會、國家、乃至全球在我們每個人的共同努力下變得更加美好。

本章總覽

- 源能量五體的平衡對個體來說至關重要，同時對於家庭、團隊等群體也具有十分重要的意義。個人源能量的平衡不僅影響自身，還會在群體中產生連鎖效應。
- 一個群體能夠產生共榮感並發揮強大效應的關鍵在於成員之間的互動。這種效應取決於：
  1. 個人對群體的向心力，群體對個人的凝聚力。
  2. 個人對群體的坦誠，群體對個人的理解。

3. 個人需勇於承擔，群體需擅於鼓勵。

4. 個人能自律並對自己有所要求，群體對個人有鞭策力。

- 一群對的人，能一起扭轉際遇，而一群錯的人，能把好的計畫搞砸。
- 群體中如果「受害者」心理的成員佔多數，可能導致群體內部的危機，特別是在面對衝突或挑戰時。這種心態可能是源能量扭曲失衡的重要指標。
- 個體和群體之間的相互作用是不可分割的。個人的積極能量可以影響群體的整體效能，同時群體的支持和文化也能夠幫助個人實現平衡的源能量。

心情小語：

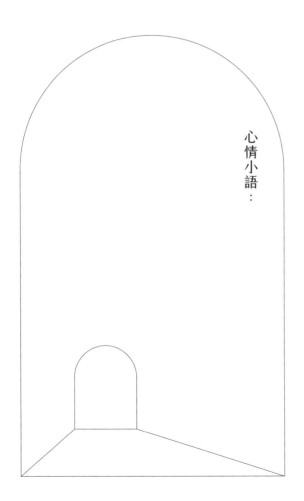

Chapter 5

五體緊扣：測測自己的源能量

「源能量生命力指數模型」是一種用來評估個人源能量狀態的工具，它可以幫助我們更清楚地了解自己的生命能量情況。

根據前文對源能量的闡述，已有了初步的了解。但是，我們也需要關注自己的源能量整體狀態，以判斷它是否處於沈睡中、失衡狀態，或者是否在正常運轉並且能夠運用自如。為了進行自我檢視，我們可以使用「源能量生命力指數模型」（Source Energy Life-Force Index Model，簡稱 SELF 體系）的圖表。「源能量生命力指數模型」（註一）是一種用來評估個人源能量狀態的工具，它可以幫助我們更清楚地了解自己的生命能量情況。這個模型包含不同層面的指標，用來表示身體、情緒、精神、意識、靈性五個體的源能量狀態。通過填寫問卷及自我評估，我們可以將這些指標納入模型中，繪製出一個生命力指數圖表。這個圖表可以幫助我們直觀地看到自己不同層面的源能量狀態，找出潛在的問題，並採取相應的措施來提升源能量的品質和平衡。「源能量生命力指數模型」在實際應用時需要進一步細化並根據具體情況進行適當的測量和評估。這個模型可以作為自我探索的工具，幫助我們更全面地了解自己的源能量狀態，並找到改善的方向。

下列是一個使用分數評估不同能量形態的表格，這些能量形態分為身體、情緒、精神、意識和靈性五個層面。每個能量形態都在不同程度上呈現毀壞、混亂、消耗、充足、自如和升級的狀態，並給予相應的分數。在這個表格中，每一個層面下面列出了不同的能量形態，並且根據其狀態給予相應的分數。分數的區間是從-9（毀壞）到+9（升級），0 代表起始的狀態。每個能量形態下方列出了一些具體的狀態，例如在身體層面下有慢性病、癌症、肥胖症等。你可以根據這些狀態的描述，自行判斷你在每個層面的能量狀態並對應到區間的分值。

這個表格的目的是幫助你更清楚地看到自己在不同層面的能量狀態，以便針對性地進行改善和調整。請注意，這只是一個初步評估的工具，實際情況可能更為複雜，需要綜合考慮各個層面之間的關聯和影響。如果你對自己的源能量狀態有興趣，可以通過這個表格進行初步的自我檢視，並在需要的情況下尋求專業指導。

「源能量生命力指數模型自測表使用說明」

1. 這個自測表由縱軸和橫軸組成。縱軸代表源能量的「五體」，即身體、情緒體、精神體、意識體和靈性體。橫軸代表在日常狀態下，每個「五體」所展現的能量形態。
2. 使用者可以根據自己「五體」的狀態，在表格中查找對應的「源能量生命力指數分值」。對應該區域的指數分值即為該項的得分。

升級	自如	充足	0	消耗	混亂	毀壞	能量
9	6	3	0	-3	-6	-9	分數
耐力佳 適應力 自癒力 年輕化	柔軟度 體態佳 輕鬆感 愛鍛鍊	站得直 食慾好 代謝好 有活力		浮腫 淺眠易醒 痠痛 疲累	三高 失眠 過敏症 疼痛	厭食症 肥胖症 癌症 慢性病	身體
熱愛生活 歸屬感 幸福 包容 共情	溝通 勇敢 樂觀 釋放 調和 能哭	愛笑 平和 愛美 喜見人 易開心		依賴 怕吵 無感 沒耐性 煩躁	迷戀 擔憂 辯解 卑微 易怒 焦慮	悲傷 成癮 恐懼 社交障礙 歇斯底里	情緒體
祝福 感恩 富足 寬恕 原諒	傾聽 自省 客觀 理解 激勵 自律	分析 主動 自信 愛學習 責任感 熱心		萎靡 消極 懶散 逃避 走神 渙散	壓抑 混亂 記憶差 辯解 迷茫 尖銳	絕望 敵意 想死 攻擊性 防禦性	精神體
冒險 探索 旁觀	研究 創新 覺察	愛辯證 愛思考 點子多 好奇心		輕視 懷疑 固執 偏見	傲慢 不屑 侷限 排斥	脫離現實 幻聽 幻覺 臆症	意識體
禪定 沈靜	靜觀 滿足	喜悅 想像力		魂不守舍 易驚嚇	害怕 迷信	求死 瀕死	靈性

3. 開始測試時，從「身體」開始逐項查找自己目前的狀態。單項自測計分規則：若某一體的症狀出現在不同層級時，取該項最大的分值計分。每一項只計算一次分，每單項最高分為+9分，最低分為-9分。例如：某自測者在「身體」項目中出現了「痠痛」，同時還罹患了癌症，那麼該自測者「身體」的分值就是-9分。無論是否有其他「身體」方面的症狀，如「疼痛或過敏症」或者「易感冒」等，「身體」項目的分值都是「-9」分。

4. 按照自測表自上而下逐項測試後，得出五體的單項得分。將每個單項的得分相加，得出個人的「源能量生命力指數總分」。此總分的最低分為-45分，最高分為+45分。如果計算結果 超出此範圍，請仔細閱讀源能量總分計分規則。

源能量生命力指數總分對應狀態及療癒建議

得分區間	狀態	療癒建議
31—45	喜悅 豐盛 如意	—
16—30	自在 寧靜 希望	—
0—15	平衡 穩定 舒適	仍須隨時補充能量
-15—0	停滯 消耗 亞健康	調整生活節奏，增加食、行的養生項目
-16—-30	失衡 疾病	嚴重，專科就診並尋求心理輔助療癒
-31—-45	毀壞 痛苦 重病	非常嚴重，需要積極治療及精神重建

特別說明：同一個人的單項得分，某一體出現「負數」最高分-9，另外某一體出現「正數」最高分+9時，不代表分數相互抵銷歸零即為平衡，這樣的現象表示測試者「五體之間」出現嚴重的扭曲狀態，也需要積極尋求相應的幫助或咨詢，深入瞭解造成其不平衡的原因。

✦ 源能量的多層次互動

想像一下，源能量的五體就像是一個緊密相連的系統，類似於我們身體的各個器官在消化過程中的合作。比如，消化系統中的牙齒、食道、胃、小腸和大腸等器官彼此協同工作，缺一不可，以確保營養的吸收和體能的運作。同樣地，源能量的五體需要均衡發展，任何一個體的虛弱都可能影響其他體的健康。身體是源能量系統的基石，就像大海中的第一道浪，它帶來了物質實在的感受性，讓我們能在現實世界中存在。情緒體則是第二道浪，像是情感的起伏和流動，影響我們的心情和行為。而隨著浪潮的昇華，精神體帶來思考和價值觀，就像第三道浪。意識體則是更深層的覺察和理解，像是大海中的第四道浪，讓我們更清晰地感知自己和周遭的世界。靈性體則是第五道浪，是我們與宇宙的靈性連接，尋找更高層次的意義和存在。

這五道浪相互交織，像是大海中的波濤，它們的高低、起伏和能量都相互影響，難以單獨切割。就像大海的浪潮共同構成了海洋的壯麗景象，源能量的五體也互相融合，形成了我們的整體生命力。因此，要實現源能量的平衡，不是單一體的強化，而是五體的協調合作。身體是我們的物質基礎，但沒有情緒的引導，我們如何表達自己？沒有精神的指引，我們如何思考和作出決策？意識的覺察深度影響我們對於世界的認知，而靈性的連接則引導我們尋找更深層次的意義。正如大海中的浪潮需要協同工作，源能量的五體也需要共同發展，才能實現個體的全面健康和平衡。

五體緊扣／源能量的整合

以源能量的角度來看，我們可以把人的整體比作五條獨立的細繩，它們相互緊緊交繞，形成一根粗壯的繩索。如果其中兩三條細繩不夠堅固，這根大繩就會失去承受重量的能力，一旦負荷過重，甚至有斷裂的風險。

本章的主要目的在於引導讀者了解源能量五體的概念，並且將其映射到自己的狀態之中。隨後的章節將深入探討每一條細繩，即身體、情緒體、精神體、意識體和靈性體的特質。我們希望讀者能夠充分理解這五個層面，並學會如何應對和調整，使自己的身心能夠安定下來，重新啟動生命的活力！在接下來的章節裡，我們將探索每一條細繩的重要性，以及它們如何相互影響。通過深入了解這些層面的特點，我們將能夠更好地平衡和整合自己的源能量，從而燃起內在的生命力，並實現更豐盛、更和諧的生活。讓我們一起踏上這個探索之旅，重新發現並擁抱我們源源不斷的能量！

本章總覽

- 「源能量生命力指數模型」（Source Energy Life-Force Index Model，簡稱 SELF 體系）。
- 源能量的五體就像是一個緊密相連的系統，缺一不可，源能量的五體需要均衡發展，任何一個體的虛弱都可能影響其他體的健康。

・源能量五體如同海中的五道浪相互交織，就如大海中的波濤，它們的高低、起伏和能量都相互影響，難以單獨切割。

・我們可以把人的整體比作五條獨立的細繩，它們相互緊緊交繞，如果其中兩三條細繩不夠堅固，這根大繩就會失去承受重量的能力，一旦負荷過重，有斷裂的風險。

註一：源能量生命力指數模型：源能量中心以「療、育、觀、愛」作為四大核心，打造出一個完整的研修體系。這套體系名為《源能量生命力指數模型》，即 Source Energy Life-Force Index Model，簡稱 SELF 體系。

Chapter 6

愛惜自己的身體：覺醒的根本起點

身體猶如我們在浩瀚宇宙大海中航行的船，靈魂在其中找到了棲息之所，如同船舶在波濤中穿梭。

身體是我們生命的寄宿之地，其運作極為精細複雜，絲毫不需要依靠我們的指示也不需要我們分神去注意。自主神經系統負責管理心跳、血液循環、消化分解、吸收營養、轉化成身體需要的能量，維護肌肉骨骼血液的生長，修復臟腑器官，還需對抗外來病原細菌，生成抗體以保護健康。這些過程的複雜性仍需漫長的時間才能充分理解，雖然現代科學逐漸揭示其運作機制，但全然掌握這複雜有機體仍需持續研究探索。

✦ 身體的奇蹟／自主運作與智慧調節

身體是一個具備客觀性的載體，透過眼、耳、鼻、舌、皮膚等器官，我們接受來自外部世界的刺激，所有資訊忠實地經神經系統傳遞至大腦，以作出正確的判斷來維持生命的穩定。以飲水為例，當喝下冰凍的水時，舌頭、食道、胃等感知到冰水的寒冷，訊息傳至大腦，大腦會調動熱能，啟動自動調節系統，維持體內的恆溫來保護內臟。身體無時無刻在處理呼吸、飲食、視聽等各方面，自主神經系統在不停運轉，從未休息。若需要為這些生命運行下指令，將煩亂不堪，錯誤百出。因為各個系統同步運轉，不容我們停滯思索，故而身體本身的智慧，猶如奇蹟般的存在，我們應有敬畏感來尊敬這自主的身體，以謙卑之心寄居其中，並時刻心存感恩，因有這個奇蹟的存在讓我們得以感知世界，經歷生命的奇妙。

✦ 身體是靈魂的居所與感知之橋

身體是我們日常生活的基石，無論行、住、坐、臥，無不依賴它的存在。而我們的生命維持更仰賴身體中無數器官的默默運作。這肉體由無數微小細胞所構成，在物質世界中展現生命的奧秘，而身體同時也是感知無形世界的橋樑，可透過源能量的其他四體感知更高層次的存在。身體接收的頻率廣泛多樣，從情感、思維、意識，乃至靈性的層次，都交融在我們這小小的身軀中。透過身體，我們不僅補充能量以維持生存，也能從美好的事物中獲得情緒和精神的愉悅。有了身體，我們方能嘗試不同感受，靈魂亦因此得以進一步成長。

東方宗教認為靈魂與身體的結合極其珍貴，需要因緣俱足擁有福報方得以實現。而西方信仰則主張生命的意義在於自我救贖，完成使命與彰顯造物主的榮耀。不論何種觀點，都凸顯了這樣的結合是如此難得與深遠。然而，多數人照顧自身身體的動機，並非出自純然的愛護，而是源自於對疾病、老化、死亡的恐懼。這樣的觀念從根源上就錯了，如果我們能視身體為上天賦予的珍寶，愛惜珍重，人類的疾病史與文明史將截然不同。

現代社會中，許多人對身體的呵護更多出於恐懼，而恐懼是最大的吸引力。儘管醫學進步，疾病卻似乎時刻在追逐我們，警醒著生命的脆弱。然而，若我們能把身體看作是上天賜予的寶貴禮物，以敬畏之心來珍視，世界或許不會充斥著傷害身體的元素。

✦ 身體如同航行的遊船

人們對於這份珍貴的「禮物」——身體，往往缺乏深入的研究和了解。有些人可能因宣洩情緒或自虐行為，或輕或重地傷害過這個載體。然而，我們首先必須深刻理解身體的價值，珍惜它的功能，並給予它應有的尊重。身體如同航行在大海中的船，靈魂依附其上，在宇宙的洪流中航行。這趟旅程的目的多種多樣，但大多著眼於提升個體的力量和智慧，達到內在的和諧，開展內心深處的精神層面，與自己和解。這過程中，我們面對眾多選擇，需內觀聆聽內在的聲音，對外要有分辨能力，時刻保持清醒，明確自我定位和目標，排除外界干擾和集體意識的影響，這樣這艘船才能堅定靈魂的目標穩步前進，不偏不倚，抵達預設的目的地。

✦ 避免盲目的漂流

然而，多數人卻漫無目的地驅駕自己的船，在大海中隨波逐流。看他人往哪，就跟往哪。看他人的裝備新奇，就爭先恐後模仿。他們往往不研究自己的船的特性、能力、安全性以及航程的方向座標。最關鍵的是，他們不清楚自己究竟想將船駛向何方。因此，若缺乏明確的目標和定位，無法抵抗外界的誘惑和社會的影響，最終只會消耗身體，直至它枯竭老化。每個人都渴望成為自己的主宰，而身體則是我們體驗這多彩世界的媒介。無論你是否愛護它，身體都承載著一生的所有經歷。當身體和靈魂分離，靈魂將失去進一步成長的機會，回歸虛無。愛惜這份禮物，讓我們的靈魂能夠在這個珍貴的肉體中不斷成長，繼續追尋昇華。因此，愛惜自己的身體，是我們覺醒的根本起點，也是通向更高層次的途徑。

本章總覽

- 身體是我們生命的載體，維繫著我們的生命狀態。其運作精密而複雜，自主神經系統直接調控著我們的生理需求，這種自主調節不需要我們下指令或分心關注，但要完全了解和掌握這個有機體需要時間。
- 身體是一個客觀的載體，它通過神經系統將外部環境的刺激傳送到大腦，以維持生命的穩定。
- 我們的身體以自動接收、判斷、運行、修復、調節的方式運作，我們應該尊重和敬畏這一過程，以謙卑的態度感恩我們擁有這個身體。
- 身體由無數細胞組成，這些細胞展現了我們生命在物質世界中的存在。同時，身體也是感知無形世界的工具，能夠感知來自情感、思維、意識和靈性頻率的訊息，從而統合了物質和非物質的層面。
- 我們的身體是一份珍貴的禮物，然而很多人對於這份禮物缺乏深入的瞭解。我們應該珍惜並運用身體的功能，深刻理解它的價值，這是啟動我們覺醒之旅的第一步。
- 身體和靈魂的連結使我們能夠在這個多彩的世界中體驗各種感受。我們的靈魂在這個肉體中成長，進步和昇華，因此愛惜身體是實現我們覺醒的根本起點。

Chapter 7

愛與能量的契合：探究身體的進與排機制

身體的運作需要能量的進入和排出，這兩個特性相互補充，確保身體的正常運轉。關心自己的身體即是向身體灌注愛，而愛是身體最重要也最需要的能量。透過關注和愛護身體，我們為身體提供了高頻的能量源。

身體所需的能量，主要透過攝取食物而來。在日常生活中，均衡攝取營養是供給身體各項功能運作所不可或缺的。然而，富足的生活並不意味著身體能量的平衡，反而失衡的情況在不斷地增加。我們的先天體質淵源於原生父母的DNA，再加上後天成長的環境與自我的習慣，這兩者相互交織，使得身體的狀況在成年後就大致定型了。

✦ 外力與能量補充

透過飲食、睡眠、運動等方式，我們可以補充能量並調整身體的運作。此外，環境的外力也是能量的補充來源之一。例如，在陽光下曬曬背部，有助於氣血運行的通暢。歐美人士習慣飲冰水、冰牛奶，卻喜歡日光浴，透過此舉，太陽的熱能能夠穿透肌膚進入深層組織，讓細胞吸收自然界溫熱的陽性能量，不致因冰冷的攝取而出現濕寒體質。由此可見，身體能量的獲取並非僅限於攝食，外界的直接作用同樣有助於供給身體所需。

另外專業按摩是借由外力使身體得以放鬆的方式之一。透過按摩師的技巧，精微的能量可以藉由手掌疏導體內的阻滯。按壓、推拿、拍打、揉搓，這些手法能夠排出體內的淤積，特別是在筋膜層造成的氣結瘀滯，如此可減輕身體負擔，消除障礙，幫助自主運轉的機制重新運作，重拾自癒能力。這個過程甚至比純粹的膳食療法效果更為顯著。無論是中醫的傷骨療法或是西醫的復健治療，皆是可供選擇的關鍵途徑。

✦ 深度睡眠／大腦奇妙的修復

大腦，身體的指揮中心，除了需要攝取所需的營養外，「睡眠」乃是其至關重要的能量來源。睡眠不僅讓身體器官得以休息，對大腦而言更是積極的能量補充。透過「深熟睡」，細微的腦神經得以進行細胞的修復。大腦的結構極其精密複雜，一旦受損，幾乎無法逆轉，即便現代醫學最先進的技術也是束手無策。

在當今多元的社會環境下，生活節奏急促。幾乎所有人的大腦都處於高速運轉之中，承載大量資訊，導致睡眠功能遭受破壞。以至於良好的睡眠成為眾多人的渴望，睡個好覺成為現代人的奢侈品。對於家有幼兒的父母而言，要特別慎重，因在孩子成年之前，睡眠比飲食更為重要。睡眠有助於腦細胞的成長，然而，學業壓力與過多功課往往使孩子晚睡早起，給腦細胞帶來嚴重傷害，可能在未來留下許多後遺症。

至於患有睡眠障礙的成年人，更應該正視這個問題。目前高科技儀器的應用越來越廣泛，透過外部輔助設備發出特定頻率，通過與腦波的共振，以聲、光、電刺激調整腦波，為大腦提供能量。這種方法已經在源能量日常療癒體系中取得成功，並證實具有顯著效果。除此之外，深呼吸、冥想、靜坐，也是讓大腦放鬆並獲得能量的方法。

✦ 關懷身體／愛的能量供應

每個人對自己的身體都極為熟悉。身體真實存在，見得到、摸得著，身高、體重、身圍等皆可量度。它的構成主要是物質，其能量頻率相對於其他「四體」較低。然而，物質世界有其應對的規則和方法。雖然科學與醫學已有數百年研究成果，主要集中於以物質治療物質的領域，雖然有效地控制疾病的惡化，但即使如此，多數人接受治療後很難回復到健康的生活品質，這部分的研究仍需透過全球醫學領域的專家學者持續努力。如今，自然療法也成為關注的焦點，這種方法不涉及過度的干預。我們現在生活在網路資訊發達的時代，可以搜尋到許多養護身體的方式。雖然成效因人而異，然而最重要的是，當我們關心自己的身體時，愛已經開始注入其中，而愛，正是身體最重要、最需要的能量供應。

✦ 進與排的平衡

從源能量的角度來看，我們可以將身體的特性分為兩個方面：「進」和「排」。然而，多數人似乎偏向關注「進」的特性，卻忽略了「排」的重要性，甚至常常對「排」的症狀產生誤解。這種單一側重的觀點，導致我們未能站在更高的角度客觀地看待這兩者，從而導致身體健康失去了平衡。

為了更好地理解這個問題，讓我們來看一些生活中的例子。人體可以大致分為呼吸系統、消化系統、免疫系統、循環系統等多個系統。每個系統都同時具有「進」和「排」的特性。以呼吸系統為例，呼吸是我們生存的基本需求，當無法吸入足夠的氧氣時，我們會感到極度的不適，因此吸氣成為了我們自然而然的動作。然而，我們是否同樣重視吐氣呢？事實上，我們往往忽略了正確的吐氣方式，除非在特定的情況下，例如練習吐納時，我們才會去注意這個過程。而有些人，特別是肺活量較低導致身體含氧量不足的人，可能長期以來都未能有效地排出肺部的氣體。然而，這並不是靠更強的吸氣來解決的，而是需要養成將氣體充分排出的習慣，因為將氣吐乾淨自然能讓我們更多地吸入新的氧氣，所以練習吐氣時，肚皮用力內縮感覺身體將氣擠出體外，這個時候只要放鬆肌肉，氣息就會自然滑入體內了。換句話說，正確的呼吸應該包括了充分的吸氣和吐氣。

✦ 身體的自然排放過程

對呼吸系統而言，打噴嚏、咳嗽、打哈欠等動作都是身體在「排」的過程中的自然表現，我們不應該隨意地抑制這些動作，而應該去理解這些動作的原因，並協助身體完成排放的需要。然而許多人稍微咳嗽就馬上吃止咳類的藥物，打噴嚏時捏緊鼻子，這些都是對身體進行阻礙的行為。同樣地，消化系統也是如此。我們每天攝入大量的食物、水和各種飲品，何況在現代，我們吃飯往往不僅僅是為了解渴和解饑，還加入許多其他的目的和原因。有一些人屬於機械式定時進食，不管身體是否飢餓。儘管吃的習慣不同，要求也相異，過程充滿著各種情感和目的，我們卻常常只關注「進」

的部分，而忽略了食物的消化和排泄。例如，很多人為了保持均衡的飲食，會選擇吃各種不同種類的食物，但卻可能吃得過量。此外，一些人也會因情緒的波動，尤其是在空虛或不安全感時，因情緒體需要撫慰，往往導致他們過量地選擇高糖、高鹽和辛辣的食物。

✦ 關注排的重要性

因此，在這裡，我們呼籲大家應該更多地關注「排」的部分。首先，我們應該重視日常的生理排泄過程，這是我們自我觀察的一個重要指標。雖然每個人的排泄週期都可能不同，但我們應該了解自己的排泄規律，並教導孩子建立正確的認知。這類問題屬於個人隱私，除了看病就醫，在平常的場合中很難討論這些常識，即便成年後看醫生，當醫生詢問關於排泄的情況時，我們仍然可能感到非常尷尬。然而，從中醫的角度來看，排泄的頻率、量以及形狀顏色等，對於疾病的診斷是極重要的參照。但多數的父母在日常生活中，只關心孩子是否吃飯、想吃什麼等，對於孩子的排泄情況卻往往缺乏關注。即使孩子長大能夠自行上廁所後，我們也很少主動詢問他們的排泄狀況，是否規律、順暢等。這種普遍現象說明，人們的關注點容易偏向於「進」的方面。

✦ 身體能量平衡的起點

除了生理排泄外，消化系統還有其他的自然排放過程，如打嗝、放屁、拉肚子和嘔吐等。這些反應都在提醒我們身體正在排除多餘或有害的物質，進行清理。所以，在面對這些現象時，我們不應該急於將其視為疾病的症狀，而應該把握這些時刻來更深入地了解我們的身體。例如，數十年前，我有一位朋友在嘗試懷孕多次失敗後，尋求各種方法，卻始終沒有結果。之後我介紹她去看一位中醫，醫師指出她的嚴重便秘是導致不孕的原因，我們兩人聽完後對於這個診斷感到十分懷疑，但畢竟將腸胃調理好也是好事一樁，於是依然按時服藥，沒想到在排泄規律順暢後終於懷孕了。類似的例子，在我自己及周遭的親友之間，發生過很多次。上面這個例子更顯示了「排」的過程如何影響身體的平衡和健康。

✦ 另類醫學的觀點

在另類醫學，尤其是量子醫學的理論中，並不存在所謂的「病」，而只有「失衡」這個概念。因此，疾病只是失衡狀態的一種外在表現，是身體能量失調的結果。單純地對症狀進行治療，而不考慮失衡的根本原因，只能暫時緩解，類似於治標不治本。如果治療方法還帶來副作用，那麼代價可能更大。因此，學習關注身體的「排」特性，對於達到身體能量平衡至關重要。

綜上所述，我們應該更加平衡地關注身體的「進」和「排」兩個方面，這將有助於實現身體的能量平衡，促進整體健康。通過理解身體特性的平衡，我們可以更好地關注身體的需求，促使我們的身心健康達到更高的水平。

本章總覽

- 生活中我們需要平衡攝取營養，供給身體各種機能運行。身體的先天體質受到原生父母DNA遺傳和後天環境、習慣的影響，這兩者相互影響，成年後身體的狀況基本定型。
- 飲食、睡眠、運動等方式是基本的營養補充和調整方式。外力也可以幫助身體獲得能量，例如專業按摩可以幫助身體放鬆，促進自癒能力，效果優於單純的膳食療法。
- 大腦是身體的指揮中心，睡眠是對大腦的重要能量補充。外部輔助設備、腦波調整、深呼吸、冥想和靜坐都是幫助腦部放鬆並獲得能量的方法。
- 身體的組成主要是物質，科學和醫學的研究有助於保護和治療身體。然而，最重要的是，當我們關心自己的身體時，我們正在為身體提供愛，這是身體最需要的能量。
- 從源能量的角度來看，我們可以將身體的特性分為「進」和「排」的兩個方面。然而，多數人似乎偏向關注「進」的特性，卻忽略了「排」的重要性，導致身體健康失去平衡。
- 在另類醫學的觀點中，並不存在「病」的概念，只有「失衡」，疾病是失衡狀態的外在表現。只處理症狀而不解決失衡的原因，是治標不治本。學習關注「排」的特性是身體能量平衡的起點。

心情小語：

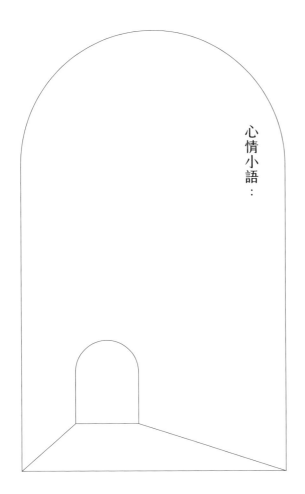

Chapter 8

重拾與身體的共鳴：建立連結的方法

在我們的生命中，身體是我們最親密的戰友，就如同戰場上互相依靠的夥伴。若能將身體看成是此生最親密的戰友，我們將更容易理解並尊重它的需要。透過以禦敵的心態來保護這位戰友，我們的身體也將以最佳的狀態回報我們。

✦ 警訊／身體能量的失衡

身體的能量失衡通常會直接反映在各種病症或亞健康上。這些症狀實際上是身體給予的提醒，警告我們它正在經歷失衡的狀態。雖然醫生可以從專業角度幫助我們解決病症的痛苦，但更重要的是我們要自己找出導致症狀的根本原因。科學研究顯示，很多疾病是壓力造成的，抗壓力強的人，通常習慣抑制情緒，反而讓壓力失去紓解的管道。因此，要更加注意壓力的影響，並採取適當方式釋放，如健身、登山、慢跑、瑜伽、泡湯等等，都可以清除壓力所累積的毒素。

身體與情緒、精神之間的互動密不可分。長期的病痛會影響情緒，導致情緒低落消極、易怒和耐心不足。身體的痛苦也會引發精神的崩潰，造成負向的循環讓整體的生命能量耗散地更快。因此，在照顧生病的家人時，不僅要協助治療，更要重視他們的心理感受，好的情緒和堅強的意志力是身體復原不可忽視的重要元素。

✦ 親近身體／和諧相處

在內心深處，大多數人都認為自己是身體的主人，認定身體應受我們的支配。這樣的看法並不全然錯誤，然而，這需要建立在身體健康無虞的前提之上。若能把身體視為此生中最親密的戰友，真正理解並尊重它的需求，用戰場上守護同伴的心態來保護自己的身體，我們與身體的關係將會更加和諧，而身體也會以最佳的狀態回報我們。

✦ 深入了解身體／遠離盲從

然而，許多人卻終其一生都未曾與身體真正建立起連結，無法深刻理解自己的身體。經常被大眾的健康觀念所左右，盲目地遵從網路上的健康建議，或是盲目跟隨所謂專家的指導，如一味追隨晚餐少食的說法，卻未考慮到白天可能自身的工作屬於體能的耗竭很大的類型。我們雖然同屬於相同的物種，都有23對染色體，然而每個體內都藏著獨特的差異性，況且除了先天遺傳體質不同外，生活習慣、經濟條件以及工作環境等，皆因人而異。因此，在保養和鍛鍊我們的身體時，絕不能盲從他人的標準。尤其在運動過程中，我們需要細心體察身體的回應，不能強迫自己照書上的標準做，也不能單純模仿網路上的影片，需避免不適合的運動或過度反而造成的傷害。所有的不適和病症，都是我們的身體向我們發送的信息，是它們在呼籲我們關心它的需要。除非是急症，否則我們不應過度驚慌或恐懼症狀的出現。這並不意味著我們可以忽視症狀，而是在放鬆心情的狀態下，以一種解讀身體信息的態度來對待它們，並向身體表達感謝，感謝它提醒我們需要關注。此刻的重點是切莫急切，要慢下來，細細檢視自己。許多慢性疾病源自情緒或壓力，以及生活習慣的改變。對此，單靠藥物治療並不足夠，我們需要根本性的調整。若我們過度干涉身體本身的自然運作機制，例如在疲累時拒絕休息，在犯睏時故意不睡覺，或者在口渴時不及時補充水分，甚至在飢餓時拒絕進食，這種做法無疑是極不明智的。我們要相信並感恩我們的身體，這是對身體良好無形的滋養，是對自己最深刻的愛，也是保持整體健康的首要條件。

✦ 體察身體的真實需求

在愛護身體的過程中，很多人常常陷入錯誤的方式。當身體自行進行調整時，有些人可能會感到飢餓，而另一些則可能因過飽而感到不適。因此，我們不應僅僅套用機械式的飲食方法。確實，定時定量的飲食有助於健康，然而，過度的約束往往事倍功半。我個人的例子便可作為證明。從小，我的脾胃就不太好，早晨起床後總是沒有胃口，然而父母認為豐富營養的早餐對應付上午繁重的課業至關重要。可是，我經常在吃完早餐後胃部脹氣、有噁心欲吐的不適感，並且經常胃痛，腸胃藥成了我成長過程中隨身攜帶的好朋友。直到進入大學，父母管不著了，自己時常因懶惰而沒吃早餐，或趕早課沒時間進食，故而經常到午飯時間才吃第一餐。這種「壞習慣」一直持續下來，然後我突然驚喜地發現自己已經許久沒吃過腸胃藥了，腸胃的情況反而好轉了。為了釐清這個奇怪的現象，我特意諮詢了醫生，他告訴我，我的血壓較低，在經過夜晚七到八小時的睡眠後，身體需要更多的時間來甦醒。他還特別強調，現在的許多疾病實際上是因為不當飲食所導致的。這次的經歷讓我第一次意識到，最適合自己的並不一定是多數人篤信的常規方法。

✦ 警察精神／守護身體

此外，有些人明明已經吃飽，但出於滿足食慾的目的而繼續進食。我們都經歷過這樣的情況，面對自己愛吃的食物，難以自拔，最終導致過飽。這實際上是因為情緒體在影響著我們的選擇。因此，學會感知身體的真實需求至關重要。儘管各種健康和養生的資訊都有其參考價值，遵循醫生的建議和他人的建議時，我們仍需對自己的情況進行觀察。特別在情緒失控的時候，我們仍需保持警覺，不可長期或過度地讓身體承受因情緒而來的負擔，應該像警察一樣守護著自己的身體，防止錯誤的情緒信息傷害無辜的身體。當我們培養起保護身體的能力時，同時也能戰勝自身的負面情緒。因此，以一種超然客觀、充滿尊重的態度來與身體互動，是我們必須學習的方法。

✦ 分清「感覺」與「感受」與身體對話

要真正建立與身體的深刻連結，最基礎的方法就是開始學習「感受」身體的感覺。或許許多人在此處會想：「我怎麼可能不知道自己的身體感覺呢？」、「感覺是不需要學習的，它自然存在的呀！」…等等。然而首先，我們需要將「我」和「身體」分開，清楚地理解兩者之間的互動關係。

「感覺」是「身體」本身所發出的訊息。

而「感受」則是「我」接收到的身體訊息。

舉個例子來說，當我們感到飢餓（身體發出的訊息），不應立即衝動地尋找食物，而是嘗試感受這個訊息：「我是否真的感到餓？餓到什麼程度？」然後再做出是否進食，以及進食什麼和多少的決定。因為身體的感覺在很多時候並非僅來自身體本身，你的情緒體、精神體、意識體甚至靈性體，都以通過身體的方式來向你傳遞訊息。

✦ 過度的節制／忽略真實需求

舉例來說，有個朋友說他平時很少感到飢餓，正餐之間也不會吃零食，但一到用餐時間就會準時吃飯。這位朋友在大家眼中是一個極度規律的人，他的飲食習慣更成了大家心中的標竿。然而，幾年後他被診斷出患有胃癌，這個消息讓人震驚，大家心裡疑問重重。像他這樣規律並節制的飲食，胃部竟然發生問題，而我們這些不時大吃大喝的人又該如何？事實告訴我們，這位朋友之所以罹患胃癌，是因為他對身體真實感受的陌生。他過度地遵循理性和紀律，習慣用意志來控制一切，基本上他遵循的是精神體的飲食要求，幾乎忽略了身體的訊息。廣泛而言，他的飲食、生活節奏，甚至是他對孩子的要求，全都按照制定的標準來執行。長此以往，他不知不覺地切斷了與身體的連接，更習慣去忽略情緒體的需求。這種過度的意志控制，必然長期壓抑了他的情緒，使他對身體感知的能力減弱。最終，身體必然產生問題。

✦ 以情緒為導向的飲食文化

此外，出於情緒的需求而進食的人在現代更是層出不窮。當今的飲食文化早已超越單純的營養取得，而是將飲食打造成一場愉悅的盛宴。從食材的選擇、烹調的精湛、用餐環境的設計、氛圍的營造，再到服務的細緻，所有的一切都圍繞著情緒體而精心設計，旨在引發愉悅的情感體驗。這種情感與飲食的交織，彷彿蝶之戀花般的自然，是情緒體的本能渴望，而這種需求在我們的現代生活中愈加凸顯。

然而，這正是我們更需要去建立與身體的連結的重要原因。我們需要問自己：「我是否真的需要這麼多的食物？」這不僅僅是對身體需要的問題，更是一種對內心深處真實的探問。當我們靜下心來，與身體重新建立連接時，我們會驚訝地發現，其實身體並不需要如此多的食物。我們的胃部不能一直處於在消化食物的狀態，這是一種極大的負擔。事實上，胃部在需要的時候，甚至會將過多的食物吐出，這就像是身體在告訴我們：「你吃太多了，你把自己吃壞了。」

✦ 愛惜身體／遠離食慾的奴役

因此，我們應該更加清楚地了解身體的真實需求，並且愛惜它。當我們不清楚自己的身體需要，或是對它的需求不夠尊重時，我們的身體就可能淪為我們食慾的奴役。重新建立與身體的聯繫，運用意識去感受食物的需求，可以讓我們達到身心的平衡。不僅僅是滿足胃部的需要，更是聆聽情緒體、精神體、意識體、靈性體的聲音，將它們的需求融入我們的飲食和生活中，實現整體的健康與幸福。

✦ 與身體連結的方法與實例解析

在這個章節，我們專注於如何建立與身體的連結，真正了解身體的需要，以免讓身體僅淪為其他四體的工具，從而影響其整體生理運作。以下提供一些與身體連結的方法步驟：

1. 身體訊號：當身體發出信號，例如飢餓感、口渴等，請注意這些訊息。
2. 收到訊號並感受：在收到身體的訊號後，花些時間感受這個訊號。放慢步調，深入體會這種感覺。
3. 程度量化：評估這個感覺的程度。問自己有多餓、有多渴等，量化這種感覺的強度。
4. 身體需求：詢問自己的身體需要補充什麼類型的需求，例如食物類型、飲料、休息等。
5. 合適的應對方案：根據身體的需要，提供合適的應對方案，如進食、飲水、休息等。
6. 恰到好處的行動：採取行動，但保持適度不要過量，把握度量是最重要的。

實例解析一：

- 身體訊號：想吃東西。
- 感受與程度：感受後發現肚子確實餓了，但程度不大，不需過多食物。
- 身體需求：想喝熱飲、吃些甜食。
- 應對方案：選擇熱牛奶和草莓夾心酥。
- 行動與結束：享受食物，但要注意不要一吃就停不下來。

實例解析二：

- 身體訊號：想吃東西。
- 感受與程度：感受後發現是受到電視劇中美食的誘惑，非真實飢餓。
- 身體需求：需要情緒慰藉。
- 應對方案：喝兩口蜂蜜水。
- 行動與結束：享受飲品，並起身走動。

建立與身體的聯繫不僅僅局限於飲食，但飲食是最容易察覺的部分，是重新建立連結的良好起點。當我們以中立和客觀的態度感受身體時，即便不採取特別的行動，這個過程本身已經在為身體補充能量。切記！注意力的去處就是能量的去處。將注意力集中在感受身體，讓內心專注於身體的感覺，就是對自己最簡單省力的愛與呵護的方式。

本章總覽

- 身體的能量失衡可能導致各種病症，因此病症是身體能量不平衡的警示，而長期壓力也可能導致疾病。身體、情緒和精神的互相影響，可能形成負向循環，耗損生命能量。
- 身體是五體的一部分，健康的身體有助於維持其他四體的健康，同樣，其他四體的不平衡也可能反映在身體上。因此，在解決身體問題的同時，也需要關注情緒和精神的狀態。
- 將身體視為此生最親密的戰友，理解並尊重它的需要，建立與身體的聯繫。不要對身體的不適或症狀過度恐懼，而是以放鬆的心情，感激地解讀身體的訊號，並慢下來細心檢視自己的狀態。
- 每個人的身體狀況與需求都是獨特的，不一定符合一般規範。學會感知身體的需要，參考不同資訊，但同時觀察自己的實際情況。以超然客觀和尊重的態度來與身體相處，是我們要學習的關鍵。

・建立與身體的聯繫的基礎是從「感受」身體的感覺開始，區分「感覺」和「感受」的差異。

・提供了與身體連結的方法步驟，包括接收身體的訊號、細心感受、量化感覺的程度、問問身體需求、提供適當的應對方案，最終採取行動，學習把握恰到好處的「度」。

Chapter 9

情感的舞動：情緒體在現實生活中的抒發

情緒的多變性是自然的表現，遵循著尊重與包容的原則，我們必須理解他人情緒表達的強烈度和速度，別用個人的標準去評斷他人，而是將關注焦點轉向自身。

我們在情感的大海中遨遊，快樂、悲傷、嫉妒、熱情、冷漠、喜好、厭惡、憤怒、興奮等種種情緒，它們如浪潮般接續，時而平靜，時而洶湧。然而，這種多變性是情緒體的天性。情緒體是我們感受情感的來源，它使我們能夠有多樣化的體驗。這些情感充滿個人色彩，帶有主觀、多變和原始的特質，讓我們能夠深刻地感受人生的各種層面。

✦ 情緒的反應及影響

情緒的產生與外界訊息的傳遞密切相關。外界的刺激進入我們的身體，經由器官傳送到大腦，再由大腦轉達給情緒體和精神體。然而，這個過程的順利進行需要身體的器官和系統協同合作，當中的每一個環節都可能影響我們的情感體驗。當然，如果有視覺或聽覺障礙，這個過程就會受到不小的干擾。然而，即使外界的訊息正確地進入我們的身體，我們的情緒體和精神體對這些訊息的反應也因人而異。在同樣的情境下，人們可能產生各種不同的情感和反應。這種差異性形成了志同道合的小圈子，使得那些情感相近的人能夠共鳴和互相理解。除了外界影響，個人的內在因素也會對情緒產生影響。身體內部的內分泌和賀爾蒙等因素，直接影響著我們的情感狀態。情緒體的多變性和複雜性意味著，即使處於相同的情境下，我們的反應也可能截然不同，這種變化是自然的表現。

✦ 情緒的主觀感受

以穿搭為例，昨天，你可能覺得衣櫥裡的那條紅裙非常適合你，與膚色相得益彰，打算在未來的聚會上穿它。但是，今天早晨醒來，裙子一樣在那裡，你一樣是你，卻覺得這條裙子過於鮮豔，穿起來太引人注目。這種情況下，究竟發生了什麼變化呢？紅色的裙子究竟是襯膚色還是太過顯眼呢？這兩個答案沒有對錯，皆是當下真實感受的判斷，這種變化並非是出於理性思考的改變，而是情緒體的不同反應。

某日，某位先生在離家前，他的老婆輕聲囑咐他：「下班後，請儘早回家，別在外漫無目的地閒晃。」這時，他心生一絲甜蜜，感受到老婆對他的依賴，這種被愛的感覺猶如春風拂面，充滿一種被需要的幸福情懷。然而，兩日之後，老婆再次言語相同，語氣一如既往，卻在他心中激起一抹不快，他感受到被束縛，這股情緒像涼風刺骨，引發他的內心反感，他開始質疑這樣的限制是對他的不信任，認為自己已經是一個成年人，不應該受到這種干涉。

兩種情感截然不同，在他的內心深處翻湧。他並未將這些感受表露出來，僅在心中默默反應。老婆的舉動、話語相同，她並不知道他內心的差異。因為他的回答都是一樣的一句：「好的！」。為什麼他對同一情境有如此不同的反應呢？究竟哪個反應才是內心最真實的感受？事實上，這兩種反應都是他內心真實的情感。

✦ 情緒的自主性與變化

類似的例子不勝枚舉。就像一條裙子，對不同人而言，可能有不同的定義與看法，而這些看法同樣都是合理的。因此，我們可以看出情感是一種自主的體驗，時刻變幻著，無論它是否被表達出來，無論對錯與否，一旦情感在內心湧現，便是真實的情感。這股情感能量一旦湧現，不會輕易消散，反而會自動積累。情感的功能是回應我們的感覺，而不是判斷對錯。對於對錯的判斷，則是精神體的職責。或許大家都曾經經歷過類似的情況，別人提供了建議，這些建議合情合理，我們也理性地認同。然而，內心卻難免感到不舒服，覺得自己遭受批評不如他人，使得我們感到些許不悅。因此，對於同一事物，情緒體和精神體的反應經常是背道而馳的。正如學生都知道應該要認真讀書，這對未來的求職道路至關重要。然而，多數學生喜愛放假，討厭上學。成年人們努力工作，但只有少數人真正喜歡工作本身。情感和精神就像車輛的油門和煞車，缺一不可。它們之間的相互補充和協調至關重要。在我們豐富多彩的情感和理性世界中，正是這種平衡和交互作用，塑造了人人不同的感受。

✦ 情感的肢體語言

在日常生活中，情感透過情緒體的反應展現出來。情緒體在我們的本能中自然流露，神經系統會無意識地呈現出我們內心當下的情感能量。當我們感到開心時，嘴角會不自主地上揚，難過悲傷時，臉上的神情可能會變得凝重，甚至流淚。而生氣的情緒則可能令眼神變得銳利，緊張時則可能語調顫抖。因此，情感在還沒轉換成語言文字前，即透過眼神和肢體來傳達，而眼神及肢體語言往往才是情緒真正的聲音。在這方面，新興的實用心理學領域探索了神經語言學（NLP），深入研究情感和肢體語言之間的聯繫，是一門很值得深入學習並應用的專業。

✦ 多元的情感表達方式

每個人都擁有情感，然而我們的情感表達方式各有不同，更重要的是，即便表達方式相似，情感的「強度」和「速度」也千差萬別。舉個例子，生氣的時候，有的人可能會生悶氣不說話，有的人則會開口罵人，但這並不表示言語激烈的人生氣的強度就更大。同樣的，當有開心的情緒時，有的人可能會手舞足蹈，有的人可能只是臉上露出微笑，肢體方面變化不大。然而，笑聲高亢的人未必比默默微笑的人更開心。

我舉個例子來說明這個情況。有一天，我妹妹在隔壁房間拿著 iPad 看節目，她的笑聲一陣一陣地傳過來，我無法抑制住好奇心，走到她的房門口問道：「看什麼這麼好笑？」她很開心地回放了那個有趣的橋段給我看，我也不禁笑了起來，但我並沒有笑出聲音。接著她問我：「不好笑嗎？你怎麼不笑。」我回答：「真的很好笑！」她接著說：「那你為什麼忍著不笑出來呢？」我解釋說：「我有笑啊！我沒忍呀！」我並沒有克制自己的笑聲，可能是因為我天生的笑點比較高，所以我只能笑到這個程度。我們雖然是親姐妹，但我們的情感表達的強度是不同的。當周圍的家人和朋友在笑聲中翻來覆去的時候，我不僅在笑聲中分享喜悅，而且因為聽到他們的歡笑聲感到無比的幸福和快樂。通過一段時間的相處，他們開始理解我臉部的笑容跟他們笑得人仰馬翻在心裡是一樣的開心，不再認為我很掃興，也不用再關注我是否不開心。因為他們已經了解，儘管我沒有爆發性的笑聲，我依然能夠充分融入當下的情境，和他們一樣地感受到喜悅。這只是因為我的情感表達方式天生傾向於內斂，而不是刻意的控制或偽裝。

✦ 不要以表達方式評斷情感強度

有些人可能因為悲痛而無法說話，而另一些人則可能因委屈而淚水直流。因此，我們不應該用自己的情感表達方式來衡量他人情感的強度。

我們曾聽到父母對孩子說：「**真沒用，這點小事哭什麼，別哭了。**」

或者聽到他人互相議論：「**這麼大的事，居然不掉眼淚，真是冷血！**」

還有「**沒多大的事，哭成這樣，也不知道哭給誰看。**」

「我看他一點都不生氣，因為他一句話都沒說。」

「這有什麼好笑的，你是不是太無聊了。」

以上這類的評價都只是一種主觀的偏見，並無法真實理解對方的情感狀態。日常生活中，我們應該尊重不同人的情感表達方式和強度。這些差異並不代表情感的真實性，而是每個人個別化的展現。有人的地方就有是非，因為社會上充斥偏頗的群體評判現象，當今的網路風氣更是充斥著嚴重的情緒暴力，縱使我們無力去導正，也希望讀到此篇的讀者，從此不再評斷他人的真情實意，而是要尊重每種情感的展現方式。

✦ 多樣的情感展現方式及其影響

此外，提及「速度」，這裡指的是情感反應所需的時間，這也是因人而異。一些人可能反應迅速且情感表達強烈，我們將其稱為衝動型，這類人陽性情感能量較高。有快速的情感表達方式，也就相對一定有慢速的。這裡的慢速不代表反應遲緩，而是醞釀情感所需的時間較長。通常，這類人的情感表達方式較為內斂，呈現出陰性情感特質較高。針對情感表達方式中陰性能量較高的孩子，父母需要給予更多耐心，特別是在與孩子溝通時，需要放慢節奏，不要過於急躁。有些母親可能習慣說話快速，但這樣的溝通方式可能在孩子醞釀感受及嘗試表達時打斷了他們，阻礙了他們練習表達自己的機會。「你這麼做是因為這樣還是那樣？」「情況是不是就是我說的這樣？」原本是問答題，因為孩子語言還沒組織好，即瞬間變為選擇題甚至是是非題。這樣單向和簡化的溝通模式其實是在阻隔情感的交流，讓溝通變得單調，造成親子間的隔閡。同時，無效的溝通會讓人感到挫敗，甚至會在之後的溝通中造成障礙。

✦ 仿效與溝通的挑戰

對於兒童和青少年來說，情緒體仍處在敏感且脆弱的階段，特別是在面對權威或長輩時，他們在表達情感時可能會感到更大的壓力，甚至因此而隱藏或掩飾自己真實的感受。在我們的輔導工作中，我們發現一些成年男性並不懂得如何表達愛，他們習慣壓抑情感，這導致了長期存在溝通不良的問題，夫妻之間產生了隔閡，家庭氣氛變得緊張，婚姻也面臨危機。在這些案例中，我們發現這些男性中有很大比例的共通點，即他們通常有一位口才敏捷、能說善道，反應快速的母親。在他們成長的過程中，家庭生活通常是母親在說話，而父親則沉默聆聽。隨著年齡增長，他們可能會無意識地效仿父親的沉默，變得在溝通中較為被動，他們可能也認為自己的口才不佳，覺得多說無益，甚至可能因為害怕說錯而選擇保持沉默。因此，在結婚後，面對另一位女性時，他們會慣性地使用這種被動的溝通方式。

✦ 尊重多樣的情感表達方式

在與他人互動時，我們應該尊重並包容他們情感表達方式的強度和速度。不應該根據自己的標準來衡量他人，最重要的是關注自己的情緒體，重新審視自己的情感表達方式。只有通過理解自己屬於何種情感表達類型，觀察陰性和陽性情感能量的變化，我們才能將原始的情感表達方式提煉得更加成熟，避免在人生的道路，活成一個絆倒自己的矛盾體。

本章總覽

- 種種的感受主要來自於情緒體，它對所有包含內在外在的一切產生覺受，這個覺受有個人化、主觀性、變動性及原始的特質。
- 人的情緒體也時刻處在變動之中，除了外來的影響因素外，存在於身體的內分泌、賀爾蒙都會直接干擾情緒體的狀態。
- 情緒體是自主的，當它產生時就真的產生了。一旦產生這股情緒能量便不會無端消失，還會被存起來自動積累，情緒體的功能是反應感覺而不是去判斷是非對錯。
- 情緒體會直接透過眼神及肢體語言傳達出來，每個人都有情緒，但各有表達的「方式」，重要的是就算方式類似，其「強度」、「速度」也不盡相同。

・表現方式並不能代表情緒的強度，不要用自己的表現方式去衡量別人情緒的強度。

・關於「速度」，指的是情緒反應所需要的時間，這也是因人而異的，有些回應快且形式強烈則陽性能量比例較高，有些醞釀的過程需時較長則陰性能量佔比較高。

・把注意力回到自己的身上，重新審視自己的情緒體，理解自己的情緒體屬於哪種類型，觀察情緒體中陰性陽性的能量變化，這樣才能將原始性的情緒體，提煉為成熟性的情緒體。

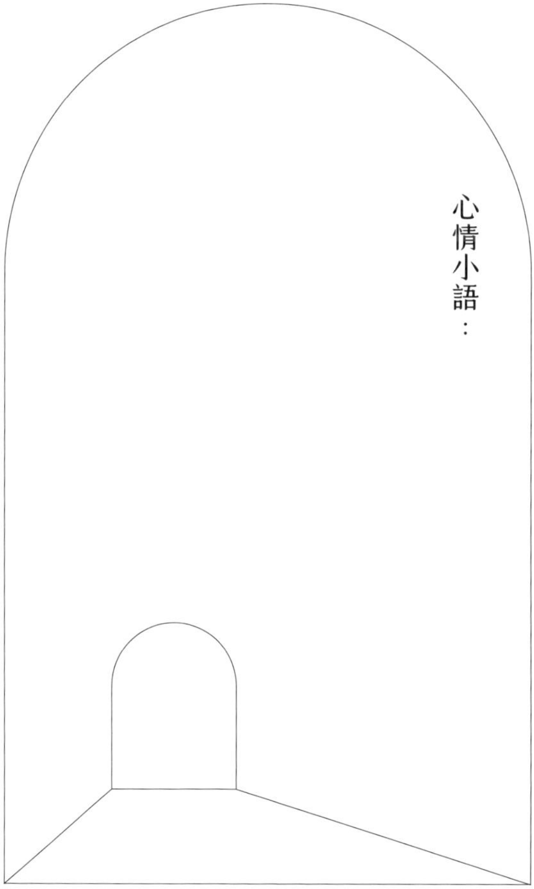

心情小語：

Chapter 10

情感共振的維度：人際和宇宙能量的交融

人終歸需清醒地活著，匱乏或負能量並不可怕，最怕的是陷入持續的迷茫中，即便稍有覺悟但甘願自欺欺人不敢面對現實。

情緒體的養分來自於人與人之間情感的交流與生活中美好事物的體驗，這兩者為情緒體提供了大部分的能量。作為情感的生物，我們需要他人的關心、欣賞、重視，這些來自旁人的情感養分在我們的情緒體中佔據重要的部分，充滿幸福感的情緒體能做為精神體強大的後盾。在受到肯定與鼓勵的環境中成長的孩子更具自信，被呵護的女性更散發美麗的光芒。同樣，生活中的美好事物，如美食、音樂、心愛的服飾、舒服的睡眠、清朗的天氣、賞心悅目的景色，也能為情緒體提供滿足感，撫慰我們的情緒。當我們面臨情感傷害時，將自己暫時封閉是一種自然反應，但若持續時間過長，情緒體可能會處於能量枯竭的狀態，這將影響我們的心理健康。不同的人對於情緒的處理方式有所不同。有些人在情感受創時，會尋找其他途徑來彌補情感的匱乏，如沉浸於美食、音樂、旅行等美好體驗中。然而，有些人可能會陷入偏差的行為，如購物過度、飲食失調、囤積狂、酗酒等，這些行為可能是因為他們天生缺乏獨立性，無法有效地控制情緒，尋求不正確的方式來彌補情感能量的空虛。

✦ 負能量與情緒體的微妙關係

讓我們探討負能量與情緒體之間的連結。曾有一實驗涉及能量，內容如下：

實驗者取三碗相等份量的白米飯，並蓋上蓋子，同時放置三個播放器在碗旁，各自循環播放語音。第一碗播放「謝謝你、感恩你、你很好」，第二碗播放「討厭你、很難吃、很差勁」，第三碗則保持靜默。經過十天，揭開蓋子，觀察三碗白米飯的變化。第一碗的米變硬，乾縮失去水分；第二碗則生出薄薄霉菌；而第三碗卻呈灰黑色且散發酸臭味。這結果出乎意料，因人們預期播放負面語音的第二碗會受害最甚，卻未料到是第三碗。這個結果顯示儘管負能量對物質幫助不大，卻依然提供能量。雖不及正向能量的效果，但相對於無能量，負能量仍為情緒體帶來支持。不理睬、冷漠、孤獨，才是對物質最大的傷害。情緒體需要能量的原理，與此實驗結果有相似之處。這實驗提醒我們，情緒體是脆弱而敏感的。

✦ 重視能量的替換性

正向的情感與美好的事物，滋養情緒體，產生愉悅的能量，並將其感染他人。然而，負面能量則讓情緒體感到痛苦，消耗龐大精力。若能善用穩定的精神體來輔助成長並轉化負能量，將有機會鍛鍊進階的情緒體，如湖泊般擴展自己的容量並能夠自我調節。情緒體的進化，如同水塘長大成為湖泊，能以不同的面貌如詼諧、自嘲、自娛娛人，解除尷尬散發溫暖與幽默，使人愉快。情緒體進化不僅為個體增色，也塑造良好人際關係，即使無出眾的才華，卻能因友善形象賺取好人緣而擁有更多機會。

當情緒體缺乏正向能量，或未有其他管道補充能量時，可能導致身體迅速衰退，活力消失，機能僵化或迅速老化。某些調皮搗蛋的孩童，以惹人注目來獲取大人關切，雖知這些舉動會招來責罵，但仍持續。這種行為折射情緒體對能量的迫切需求，因為被罵時，代表注意力來了，能量也就來了，比起接收負面能量，他們更害怕被冷落，因而以這種方式獲取關注。

有些老夫妻終生都在爭吵，旁人很難理解。讓人納悶的是長期處在吵架的氛圍，兩老的精神狀態卻都不錯，彼此爭嚷，互不讓步，比誰嗓門大。然而，當一方離世，留下另一方獨自生活，無人唸叨本應無憂無慮，卻迅速衰老，失去活力。這暗示情緒體需要能量的自然本能。若沒有替代的能量來源，其肉體可能迅速退化，如同枯木朽木，失去生機。另有些女性經歷深刻的愛情經驗，愛恨交織，無法自拔。周遭友人勸她釋懷，她終日難以解脫痛苦，儘管自己也希望一覺醒來能雲淡風輕，早日解脫，但怨恨總揮之不去，過往種種形成強烈印記無法轉換。特別是無其他能量來源時，會緊抓恨意不放。直至另有能量進入填補交換，始能開始痊癒轉化。因此，有人說失戀的最佳良藥即是新的愛情，這個確實不無道理。

✦ 關係／情感的非物質通道

結論就是情緒體不能沒有能量。打個比喻，情緒體猶如乾渴的海綿，遇到水便會不顧水是否潔淨，一直吸取直至飽和為止。或許有人會想要聲明，對於髒水他們寧可不吸。然而，情緒體的能量傳遞是透過感染力實現的，而這種感染力乃是非物質性的管道。在不自覺中，你已被感染，而若來自你關心或在乎的人，那感染力將更為強烈且深刻。自然而然，你就被拉進對方的情緒能量圈了。

人與人之間的這種非物質性通道即是「關係」。一旦我們與某個人建立關係，這通道便被建立，情緒能量便會通過它流動。當中，熱戀情侶的關係最為典型，希望自己一切的感受對方都能知道，都想說給對方聽。當戀人互相建立感情時，無時無刻都想將情緒能量從一方傳遞到另一方。然而，在一生中，我們都在不同的角色中穿梭，活在這交相傳遞情緒的關係能量網中。當相互感染的通道受阻或無回應時，矛盾和衝突便不可避免地出現。每個人身上都有許多這種通道，有的名為「恩」，有的名為「情」，還有的名為「義」。我們被這網絡緊緊包圍，有時即便不想吸收負面能量，也難以自拔，情非得已。

✦ 探究複雜關係的能量交流

身處在這複雜的關係網絡中，我們無法避免地與周遭的一切事物產生關聯。然而，更令人感嘆的是，當前社會的集體情緒能量是負面多於正面。多數人或感覺麻木，或容易陷入低落和悲傷的情緒中。這種集體情緒氛圍具有感染力，因此心理健康問題的患者呈現越來越年輕的趨勢。

對於身體而言，獲得充足的睡眠已成為奢侈。然而，對情緒體而言，快樂幾乎成為遙不可及的願望。我們活在由關係構築的網絡中，儘管集體情緒氛圍讓人感到悲觀，然而實際上，我們可以運用許多調節的方法來保護自己，不受他人影響，同時為集體情緒能量做出貢獻。在這個過程中，我們不僅能學會與自己的情緒和諧共處，還能淬鍊情緒體使之升級進化。

✦ 正確處理情緒能量的重要性

在採取行動之前，建立明確的認知是必要的準備，這樣才能在行動時知道該如何取捨進退。許多人認為將情緒壓抑住就能使其消失，但實際上情況並非如此。宇宙中的物質不滅定律和能量不滅定律都表明，忽視或壓抑負面情緒並非根本解決之道。長期累積的負面情緒可能成為健康的威脅，甚至成為危害精神品質的病毒。因此，正確的心態和方法變得格外重要。

從個人生活經驗到現在能了解這些道理，回首過去，是數不清地掉到情緒的坑洞，一路跌跌撞撞過來，也讓我更加清楚地看到自己年輕時的不安與躁動的情緒纏繞。這些年來與不同案例共度的經驗，更使我明白許多人深受情緒影響。這些個案希望解決情緒問題，但由於生活節奏快，無法提供足夠緩和的時間，或者使用錯誤的方法來宣洩情緒，導致外界負面的反撲，使情緒更加惡化，形成心理疾病。

在與多位案例討論情緒不能壓抑時，他們普遍表現出兩極化的反應。一方面是控制型：

「不壓抑又能怎麼樣？發洩出來只會讓情況變得更糟。」

「發脾氣不會解決問題！」

「我不喜歡爭吵，寧可忍耐！」

另一方面是爆發型：

「我控制不住，想罵就罵，幹嘛要苦自己！」

「脾氣控制不了，但每次都蠻後悔。」

「別人不讓我好過，我也不讓他好過！」

儘管控制型和爆發型在表達方式上有所不同，但關鍵問題在於如何轉化已形成的情緒能量。就好比製造了一包垃圾，我們應先集中注意力處理這包垃圾，而不是歸咎於製造垃圾的原因。不論情緒是壓抑或宣洩，我們真正需要探討的是如何處理這股情緒能量，就像應該要及時處理垃圾一樣。壓抑情緒就像將垃圾堆在家裡，宣洩情緒就像將垃圾丟給別人，但無論在哪裡，垃圾都沒有被妥善處理，甚至還越積越多。因此，我們應該關注的是，不論誰看到這些垃圾，最佳方法是將其焚燒掉，這樣才能真正解決問題。用這種比喻告訴大家，處理情緒能量就如同處理垃圾一樣，關鍵不在於是否將其轉嫁給他人，而是如何將其轉化消除。我們必須認識到處理情緒能量的重要性。只有這樣，我們才能夠避免情緒累積對身心健康造成損害。無論是採取控制還是爆發的方式，關鍵是要學會如何將這股情緒能量轉化，這樣我們才能實現情緒體的平衡與健康。

✦ 宇宙能量替代與轉化法則

以下提供幾種能量替代及轉化的方法，供讀者參考：

『地元素』：透過與大地的接觸進行能量交換的方法，列舉以下方式：

- 光腳踩地：赤腳與大地直接接觸，嘗試與大地連結，讓地元素的能量進入體內，穩定情緒能量。
- 溫熱沙灘赤腳走走：在溫暖的沙灘上赤腳行走，不僅能享受陽光，還能吸收矽元素的能量，有助於代謝躁動的情緒。
- 觸摸岩石、大樹幹：與自然界中的岩石、樹木互動，感受它們蘊含的能量，將自己的負面情緒交付給自然物，達到交換能量的作用。
- 爬山與森林浴：在樹林中行走、爬爬山、進行森林浴，做數個深呼吸，能夠讓身體與自然環境產生交流。

近年來，對於過動症孩童的研究顯示，這些孩子的腦波頻率較為活躍。一般而言，人類的大腦在約15歲左右發育完全，故而15歲前大腦細胞需要充足的能量以支持其生長和發展。現代社會中，孩子們多數穿著具有高品質的鞋子，鞋底柔軟、厚實且防水，加上乘坐車輛、居住在高樓大廈中，使得他們與地面的直接接觸機會減少，無法適當地進行平衡的放電，導致幫助大腦發育的強大腦電波無法適度地排出體外被大地吸收，造成孩童身體的機能無法均衡發展。基於這種情況，建議家長定期帶著孩子到戶外，特別是濕潤的沙灘，讓他們能夠去「放電」，即通過與大地的接觸，釋放多餘的電能。經由許多家長的反饋，帶孩子到沙灘進行活動，對於過動症狀確實有不錯的效果。

『水元素』：水元素在我們日常生活中最容易接觸到，水具有淨化和療癒的能量。以下是幾種利用水元素來轉化情緒能量的方法：

- 泡澡和泡腳：在家裡可以利用溫暖的水泡澡或泡腳，這不僅能舒緩肌肉疲勞，也有助於放鬆情緒。當你泡澡或泡腳時，嘗試專注地感受水的觸感和溫度，透過「感覺」的方式讓水的頻率進入情緒體，幫助淨化負面能量。
- 溫泉和游泳：溫泉中的天然礦物質和溫熱水溫有助於放鬆身心。游泳則是一種身心訓練，同時也能享受水元素的療癒效果。
- 靜心感受：在洗澡的過程中，刻意讓自己靜下來，關注水的觸感和流動，將注意力專注在感受水與肌膚接觸的瞬間，這種「感覺」的方式是一種頻率療癒，有助於將水元素的頻率透過感知進入情緒體。

古代的文化中，沐浴被視為一種神聖的儀式，並且賦予了淨化和療癒的意義。然而，在現代社會中，因為便利性的提升，我們對於洗澡的過程將其機械化地當成例行公事。然而，如果能夠將洗澡的時間變成一個自我療癒的時刻，是多麼省時省力的明智之舉。總之，水元素是一個強大的能量源，透過正確的方法和心態，我們可以利用水的能量來幫助我們淨化負面情緒，實現情緒能量的平衡與調和。

『火元素』：火元素在能量轉化中的作用不容忽視。以下是幾種利用火元素來轉化情緒能量的方法：

- 健身運動：健身運動可以讓身體產生熱能，進而促使新鮮的能量流動。運動不僅有助於釋放身體內的負面情緒，還能夠增強心肺功能，提升整體情緒狀態。定期的運動能夠促進新陳代謝，幫助身體更有效地處理能量。
- 曬太陽和日光浴：太陽是一個強大的能量源，陽光中的紫外線能夠刺激身體產生維生素D，同時也有助於振奮情緒。進行適量的曬太陽或日光浴，可以幫助轉化情緒體內的負面能量，同時增加愉悅感。
- 汗蒸和遠紅外線：汗蒸房和遠紅外線療法能夠通過熱能幫助身體排出毒素，同時也促進血液循環。在這些環境中，身體會通過汗水排出多餘的能量，有助於淨化情緒體。

這些方法利用火元素的熱能來促進情緒能量的轉化。同時，我們要注意避免過度曬太陽或運動，以免對身體造成不良影響。在使用火元素進行能量轉化時，保持適度和平衡是非常重要的。

✦ 能量轉換的關鍵：覺知

以上提到的方法，其中關鍵的一點是帶著「覺知」進行。在進行這些活動時，專注地感受當下的情境，並深入「感覺」每一個瞬間。舉例來說，在森林中深呼吸時，「感覺」空氣的溫度和氣味；赤腳踩大地時，「感覺」能量從腳底進入全身；健身時，專注於「感覺」呼吸和身體的變化。透過這種「感覺」，細微的能量頻率才能與情緒體產生共振，達到轉化負能量的效果。

✦ 情緒養分／人際能量與宇宙力量的覺察

人際能量與宇宙能量截然不同，宇宙的能量較為穩定，而人際關係中的能量則時刻變化。因此，情緒體雖然極需從與他人互動中提取能量，卻也容易在此過程中流失。判斷一個人所帶來的是正向能量或負向能量，是養分或損耗，要從對方給你的感受來判斷。若此關係使你感到穩定、安心、信賴、坦然，則即便彼此興趣有別，仍屬於能量的滋養。反之，即便能一起共食共樂，內心卻經常充滿焦慮和擔憂，仍屬於能量的消耗。我們渴望被關愛、被重視、被珍惜，這是情緒體天生的需求，但大多數人難以如願，結果傷痕累累。因此，首要之務是遠離那些耗盡你能量的人，不論你投入多少，始終須為自己保留三分。僅從形式上的滿足無法填補情緒體的匱乏，正如一個男人僅給女人金錢卻無愛，即便女人享受物質上的富足，內心的孤寂仍無法消除。物質雖有其重要性，卻無法彌補心靈所缺，就如身體需要維他命B，不可能靠補充維他命C來代替。人終歸需清醒地活著，匱乏或負能量並不可怕，最怕的是陷入持續的迷茫中，即便稍有覺悟但甘願自欺欺人不敢面對現實。面對人際關係，積極接近那些能帶來安慰、喜悅和智慧的人是重要的。這些人能供給你高頻的能量，同時，也應珍惜生命中的那些讓你愛恨交織之人，他們豐富了你的生活，為你的人生增色不少，使情緒體充滿生氣，都是你生命中不可或缺的一部分。

本章總覽

- 情緒體從人與人之間的情感交流及美好事物的歡愉感來獲得養分。這兩者提供了情緒體所需的大部分能量。
- 足夠的養分能慰藉並安定情緒體，充滿幸福感的情緒體能成為精神體強大的後盾。
- 生活中一切美好的事物也能提供養分來撫慰情緒體，特別於情感面的養分不足時，能起到遞補的作用。
- 負面的能量會讓情緒體傷心痛苦，消耗力很大，但若能有效地轉化負能量，並用強大安定的精神體來輔助，反而可以淬煉出進階版的情緒體。

- 情緒體的進階修煉不僅不容忽視，也是我們應該認真面對的終身課題。
- 當情緒體連負能量都得不到，也沒有其他的物質管道給予補充時，會導致身體快速衰敗，毫無生氣猶如槁木死灰一般。
- 人與人之間這個非物質性通道即為「關係」這兩個字，當我們與某個人建立了關係，這個通道便形成了，情緒能量就會順著這個通道傳達出去。
- 我們活在由關係織造出來的網中，雖集體情緒的整體能量讓人感到悲觀，但生活中有許多調控的方法供我們來運用，在過程中能學會如何與自己的情緒共處，還能淬鍊情緒體使之升級。
- 先建立清楚的認知，是採取行動之前必要的準備，才能在行動的當下知所進退，心態及方法是否正確，是很重要的。
- 情緒能量不應壓抑與發洩，而是要消除轉化它，來自大自然的宇宙能量「地」、「水」、「火」三種能量都有能幫助我們轉化負能量的方法。
- 能轉化負能量的方法在生活中隨處可見，需帶著覺知透過「感覺」的方式，才能讓細微的頻率進入到情緒體，達到轉化負能量的效果。
- 人際能量也是生命中不可或缺的一環，與人相處中分辨一個人給你的是滋養還是消耗很重要，遠離消耗你能量的人，多接近能給你帶來安慰、喜悅、智慧的人，這類的人能給你高頻的能量，豐富生活也讓情緒體更鮮活。

Chapter 11

情緒的詩篇：探索內在的情感風景

情緒體的獨特性質賦予了這個世界多彩的面貌，催化著創造的動能，亦是各種藝術萌芽的種子。

個人的性格組成，在最初的階段中，情緒體扮演著重要角色，特別是在學齡前的孩童，在尚未受到社會體制塑造之前，個體之間的差異明顯可見。即便是親兄弟姐妹，父母也常感受到一樣的養育方式和教導卻帶來不同的結果。情緒體的「個別化」特質在生活的種種選擇中更顯得特別明顯。例如，有人熱愛辛辣食物，甚至是無辣不歡，也有人對一絲辣味都難以忍受。同樣一款衣物，製造商不僅得考慮尺寸，也需提供多種顏色以滿足人的不同喜好，紅色、黑色、黃色、綠色各有所偏好，其中的原因也難以解釋。音樂領域也同樣如此，有人感覺搖滾音樂嘈雜不堪，而另一些人則是狂熱的搖滾樂迷。這種現象無處不在，因為情緒體的獨特性質讓這個世界變得繽紛多彩，並激發藝術的創意種子萌牙，多樣發展。

✦ 情緒穿越時光

與身體不同，情緒體不會因年齡增長而改變。無論是七歲、十七歲、三十七歲、五十七歲還是七十七歲，情緒體的感受基本都保持一致。無論是傷心、憤怒、興奮，在不同年齡段，情感所帶來的感受是相似的。唯一不同的是表現出來的行為方式，因為大多數個體在生活經驗中逐漸成熟，精神體制衡和情緒管控能力會相對穩定。孩童時，遇到不如意的事情可能會大哭大鬧；青少年期，可能會叛逆和抗拒；成年後，可能會理性解釋並努力爭取；中年時，可能會隱藏情緒以避免衝突；老年時，則會愈趨淡然接受一切。雖然不是每個人都會如此，但以上例子說明了情緒的本質不會變化，而是隨著年齡增長，大多數人的情緒控制能力會變得更加穩定。我們應該接納情緒的產生和變化，一但生成無法逆轉改變真實的感受。故而積極之道是學會如何與情緒共存，擴大情緒的容納度，提升精神體的穩定力。這樣一來，我們才能制衡情緒的波動，理性地選擇適當的反應方式，這才是上策之舉。社會普遍尊重擁有良好修養和高情商的人，這些特點被認為是成功的先決條件。將我們的情緒體視為鏡子，反映我們內在的狀態，通過修煉它，我們能夠提升人際關係，取得更大的成就。

✦ 情緒體的不懈運轉

情緒體的運作是不間斷的，無論何時何地，它都有其存在的面貌。

有些人可能會說：「我很少有情緒。」

「我一直都很平和，不會有情緒起伏。」

「我已經麻木，早就沒有情緒了。」

「沒感覺，不知道。」

然而，「平和」也是一種情緒，「麻木」、「無感覺」同樣也是情緒。就像溫度一樣，「零度」也是「溫度」的數值，情緒體亦如此。

✦ 失衡情緒如感冒一般

情緒體的失衡會影響到身體和精神體，同時也最直接影響情緒體本身。前述中提到，「肉體、情緒體、精神體」是三角錐的底角，構成穩固的三角形。這三個體彼此聯動，互相影響。情緒體相較於身體跟精神體，屬於頻率波動大，變化性強，影響力高的一個體。這是因為情緒體是個人和集體情感的感知中樞，與外界有關的能量不斷交換，從而導致情緒體相對難維持穩定。有些人終其一生都受困於自己的情緒體，無法順利調節情緒，這對健康、工作、情感和財富都會造成許多障礙，令人無比氣餒和遺憾。

✦ 情緒體的能量結

失衡的情緒體可能會漸漸形成能量結，妨礙身體機能正常運作。負面情緒的毒素會干擾賀爾蒙和免疫系統，破壞身體「進」與「排」的平衡，從而引發疾病。這些影響可分為淺層、中層和深層。淺層影響包括新陳代謝減緩、浮腫、脹氣、肌肉酸痛等。中層影響則有慢性發炎、淤堵、脾胃虛弱、過敏等。而深層影響則包括三高、慢性病和癌症等。

不健康的情緒體對精神體的影響，主要體現在心理層面。陰性的負面情緒可能導致退縮、消極、缺乏自信、多疑、悲觀、逃避和封閉。陽性的負面情緒可能讓人變得偏執、刻薄、抱怨、批判和憤世嫉俗。長期累積的負能量還可能對愉悅感造成影響，讓人對美好事物失去興趣，甚至對自己感到厭惡。更嚴重的是，這可能導致某種形式的成癮，如煙癮、嗜睡、酗酒，甚至無法控制的賭博或毒品成癮。這些都是情緒體負面循環並交相疊加後的表徵。

✦ 情緒逆轉的關鍵／建立距離情緒非我

每個人都希望從負面情緒中抽離出來，因此學會如何擺脫情緒的牽絆，是一個至關重要的人生課題。然而，很多人在情緒湧現時就已經被淹沒，此刻的第一步是讓自身與負面情緒產生距離。我們可以在心中反覆默念「情緒不是我」，同時想像負面能量如一團雲霧，從我們的細胞內浮出並升起，然後讓這股負能量與身體分離。但是，由於能量是無形的，對於這種抽象的想像方式，許多人一開始並不知道如何實際操作。

在源能量實踐課程中，當引導學員進行這類的練習時，有許多人剛開始覺得自己無法做到。然而，通過幾次嘗試後，不僅每個人都能完成，還能進一步接收他人的情緒能量。因為情緒能量是非物質的，所以分離方法不同於將混在一起的紅豆和綠豆分開。實際上，這是通過讓身體和情緒的頻率產生差異，通過默念的口訣，文字字義可以改變我們的意識，形成新的認知，這種認知變成意念，意念再產生頻率的變化。一些人可能會對心念、意念和能量感到陌生，覺得這些概念很玄奧、很虛幻，甚至會排斥。然而，這種觀點是偏頗的，現代科學已經發展出精密的儀器，可以精確測量大腦波動和能量的指標。意念的改變導致頻率的改變，而頻率的改變則影響能量的流動，這是具有科學依據且可證明的事實。

✦ 情緒的調控方法「看著它」與「敘述它」

在情緒調控的過程中，有兩種有效的方法，分別是「看著它」和「敘述它」。

方法一：「看著它」－與情緒共處

調節情緒的方法首先是觀照情緒，「看著它」。當我們注視情緒時，情緒才能夠流動。這種「觀照」是將注意力的能量集中到情緒體中，對情緒體來說極其重要。解決負面情緒的辦法是讓情緒流動，然後轉化它。大多數人在處理情緒時要麼選擇壓抑，要麼選擇發洩。然而，處理情緒就像處理垃圾一樣，讓情緒流動並轉化，就像將垃圾投入焚化爐一樣。相反，壓抑和發洩只是將情緒棄之不顧或埋藏起來。

這種方法是允許情緒在內心停留一段時間，同時用心感受它。舉個例子，假設你被長官誤解並遭到訓斥，事後回到辦公室，心裡充滿委屈與不平。在這個情境中，不要一直在心中反覆抱怨事情的過程，而是直接對自己說：「是的，此刻我感到很累、很無語、很委屈。」接著，專注地感受身體的反應，關注身體在情緒下的變化。重要的是，在此刻不要著急尋找解決辦法，不要讓大腦充斥著教條的論證、分析或定義，類似難過無用論、生氣是弱者的表現等的念頭干擾你。先讓情緒湧現出來，感受它，不要強迫自己馬上處理它，更不要讓大腦不斷迴盪著負面的念頭。只需花上十分鐘，與自己及情緒安靜共處，此刻可能會出現胸悶、胃痛、頭痛等身體反應。然後，在心中不斷重複對自己說：「是的，我現在感到很難過，我允許自己感到難過。」專注地感受這份情緒，最大可能地降低大腦文字式的思考，不用刻意哭泣，但如果需要流淚，也不要抑制。經過十分鐘，你的身體會指引你該做些什麼。也許你會想喝杯茶、吃個大餐、散散步，或者想活動舒展身體、或者想完成未完成的工作，也可能乾脆請假回家休息。如果你能按照身體的意願去行動，那麼立即付諸行動，如果不能，記得你的渴望，稍後再去滿足它。這樣，你的情緒能量將得到適當的轉化，不會留存在身體裡形成潛在的干擾，影響其他的人或事。

方法二：「敘述它」——說出內心感受

這種方法的關鍵是不僅僅敘述事件本身，重要的關鍵是描述內心當下的感受。舉例來說：

「你說的話我都聽到了，但我仍然感到很難過，無法立即釋懷。」
「我看不懂你的表情，但這樣的表情讓我很受傷。」
「雖然你說的都很對，但我此時心裡很混亂，無法理性思考。」
「其實我不想和你爭吵，只是你誤會我了，我感覺很委屈。」

「我無法控制我的口氣，我很擔心你不理我。」

通過這種方法，你不僅在描述事件，還在表達內心真實的情感。這種方式能幫助你更好地定義自己的情緒，同時也讓他人更容易理解你的內心感受。

✦ 情緒的體會與重要提醒

當我們身陷情緒暗夜之時，不是急於趕走黑暗，而是試著去體會情緒在內心呈現的樣貌。這需要時間去摸索及練習，但絕對是值得的。負面情緒猶如黑暗，當我們被黑暗籠罩時，我們需要的並不是趕走黑暗，而是點亮燈光，照亮我們前方的路。不要讓自己沈浸在黑暗中，一味地舔舐情感的傷口。我們無法消滅情緒，就像無法對著空氣射擊一樣，因為情緒就是情感的千頭萬緒，每個人都需要情感的支持和慰藉。如果我們能理解這些複雜的情感，我們就能在情緒中遊走自如，進退有據，做出明智的選擇。情緒是生命的動力，良好的情緒更是維護青春和健康的秘訣。因此，對於情緒這門功課，值得我們認真學習，重新認識。需要注意的是，某些重大事件所導致的心理創傷，或者長期處於高壓狀態下產生的負面情緒，可能會凝結成低頻、黏稠的能量結，深藏在情緒體的深層。單純使用上述方法無法徹底清理和轉化這些情緒。這些情緒可能導致生理和心理上的問題，就像潛藏在電腦中的病毒，隨時可能引發問題。因此，這些情況需要專業的治療來進行療癒，以防止它們在身體或精神上引起疾病。

最後，我們要明白「裝作沒事並不會讓情況變好」。這只是在粉飾太平，而無法解決潛在的問題。真正的改變需要我們面對情感，理解自己，並選擇合適的方式來處理情緒。

本章總覽

- 情緒體的「個別化」特質顯而易見，這部分在生活中多樣化的選擇中呈現。
- 情緒體不同於身體，它的感受在各年齡階段皆相同，只是表現行為的方式因年齡而異。
- 學會接納情緒的產生與變化，擴大情緒容量，提升精神體的穩定力，藉此來制衡情緒的波動，做出理性的反應才是上策。
- 情緒體的運作無一刻停歇，不管任何時刻都有情緒的存在。
- 情緒就像溫度一樣，零度也是一種溫度值，情緒體也一樣。
- 情緒體失衡會影響到身體及精神體，當然同時最直接的是影響情緒體本身，情緒體是個人及集體情感的感知中樞，會自然的與外界有關係的能量進行交換，造成情緒體成了相對難穩定的一個體。
- 失衡的情緒體會形成能量結，妨礙身體機能的正常運作。負面情緒的毒素會干擾賀爾蒙跟免疫系統，導致循環系統的「進」跟「排」二者的平衡被破壞，疾病就生成了。
- 失衡的情緒體不僅影響身體和精神，也直接影響情緒體本身的穩定性，可能形成能量結並導致生理疾病。

- 失衡的情緒體會對精神層面產生負面影響，長期累積的負能量可能影響個體感受愉悅的能力。
- 學習如何從情緒中抽離出來，是人生的重要課題，首要步驟是與負面情緒保持距離。
- 「看著它」是一種調整情緒的方式，通過專注情緒的存在，讓它能夠流動。
- 通過「敘述它」的方式來處理情緒，強調要表達內心感受的形容詞，而非僅談事件表面。
- 要多次嘗試理解內在情緒的呈現，並找到最適合的方式來表達，這需要時間摸索與練習。
- 對於重大心理創傷或長期高壓情況下的情緒，可能聚積為低頻能量結，需尋求專業治療。

心情小語：

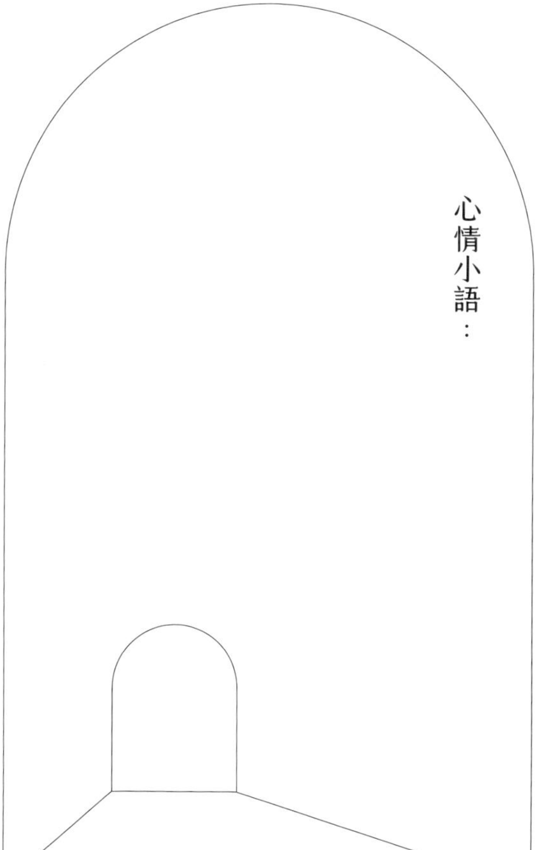

Chapter 12

防禦裝置：探究精神體與經驗信念之聯繫

我們可以將身體比喻成需要呵護的小孩，情緒體則像是充滿熱情且任性的青少年，而精神體則是我們的導師與守護者，時刻護佑著我們的身體與情緒體。

精神體主要表現在理性層面，並與我們的信念系統、價值體系息息相關。成長過程中，每個人所處的原生家庭對精神體的塑造影響深遠。自降生之時起，精神體便不斷地接收外部資訊，並將其整理排列，逐漸建構對世界的認知。從眼睛看到的景象、耳朵聽到的聲音，所有進入感官的資訊都被精神體記錄下來，它如同一個嶄新的儲存空間，存放著生活的點點滴滴。

我們的感官就像攝影機，永遠處於開機狀態，不間斷地捕捉畫面與聲音，然後將這些元素拼湊起來，形成我們對世界的印象。進入學校後，我們開始有系統地學習，透過受教育來建構對自我和社會的認知。

✦ 家庭環境／精神體塑造的重要基礎

然而，我們要強調，學校教育雖然重要，但並不是精神體建構的唯一環節。在學齡前，孩子首先接觸的是家庭環境與家人。通常情況下，家庭並未制定計畫去培育孩子，而是孩子透過與家人的互動，模仿並學習人類的行為模式。這時，孩子尚未具備是非對錯的觀念，也尚未建立起角色之間的邊界感。所以，孩子會自然地認為眼前的一切就是正常的。因此，家人的身教與言教對孩子而言比任何教育都更為關鍵。

✦ 家庭教育的核心／原始模型的建構

幾千年來，傳統文化一直傳承著尊師重道的價值觀，這使得大多數家長對老師和學校的尊重與期望遠超其他國家。無形之中，塑造了社會對教育者的敬畏感和權威感。然而，這也導致了家長們將孩子的培育和教育的主導權交給學校，相信學校可以培養出優秀的下一代。有些父母甚至認為，只要將孩子送到學校，他們就能自然而然地擁有知識和良好品格，自己只需提供生活所需，再給予課後補習，就算履行了作為父母的責任。然而，問題在於這些措施並不足夠。

許多父母和家中的長輩，關注點集中在孩子的飲食、睡眠，以及學業成績上，卻忽略了家庭中其他方面的因素。如生活習慣、家庭成員之間的溝通方式、倫理觀念、家務分工、金錢價值等等，這些因素共同構成了我們每個人精神體的「原始模型」，而這才是最為重要的部分。在這方面，猶太人的培養觀念值得我們深思。他們認為孩子上學是為了學習知識的理論基礎，有助於幫助孩子運用天賦及培養專業領域的興趣。至於人格的養成、價值觀和心態，則納入了家庭教育的範疇，由父母負責培養。

✦ 社會化的過程／精神體的轉變與影響

隨著我們學成之後，進而踏入社會工作，精神體仍在不斷地吸收新的知識，進行著重組，我們逐漸被群體化和社會化。在這個循環中，我們不斷地吸收、拆解、重組，並逐漸明辨是非、分別善惡。我們的人格逐漸成熟，開始發展自我意識：我喜歡做什麼？我有什麼目標？我想過怎樣的生活？我該在哪個領域發展等等。這個過程中，外界的群眾意識對我們的精神體影響深遠。因為個人的價值觀往往難以獨立於群體之外存在，多數人認為，得到他人或群體的認同和肯定，對個人成就的意義至關重要。

✦ 精神體／守護者與警示機制

在我們的生命旅程中，精神體扮演著極其重要的角色。它肩負著保護我們生命和財產的責任，具有一種警示機制。精神體預先評估我們身體的需求和負荷能力，對可能危害肉體的行為或活動進行主動管控。舉例來說，當我們站在高處，精神體會預判可能的風險，並提前採取措施，以避免扭傷或骨折等傷害。

精神體在我們的生命中不僅是身體的守護者，同樣也是情緒的守衛。它會對可能造成情緒體傷害的來源進行預防和防範，這種保護的機制來自於過去的經驗累積及判斷。正如諺語所言：「一朝被蛇咬，十年怕草繩」，我們的精神體會記住情緒體曾經受過的傷害，並嘗試避免或防範相似的情境。

有些人可能在某個事件中遭遇挫折或打擊，即便未來有機會再次嘗試，也因為過去的經驗而感到難以踏出那一步。這是精神體基於經驗法則所啟動的保護裝置。這種保護機制在內在自然地運作，猶如一個內建的程序，永遠存在於我們的精神體之中。

正如所言，身體宛如需要被照顧保護的小孩，情緒體則像是熱情洋溢的任性少年。而精神體則具備導師和護衛的角色，時刻守護著我們的身體和情緒體。這種三者的關係如同一個充滿智慧和警覺性的生命體系，確保我們整體的健康和平衡。

本章總覽

- 精神體主要展現在理性層面，與信念系統，價值體系有極大的關連。
- 每一個人所生長的原生家庭，對精神體的塑造影響很大。
- 從出生開始，精神體不停的接收來自外部的資訊並自行排列組合，在成長的過程，逐漸建立對外界的認知。
- 從傳入眼裡的畫面以及耳朵接收的聲音等，鉅細靡遺全部輸入，不管我們是否需要皆全數接收，精神體就像一個全新的記憶體儲存著所有的檔案。
- 眼耳鼻如同一部攝影機，隨時處於開機狀態，不斷收音錄製畫面，然後拼湊起我們對這個世界的印象。
- 進入學校開始有系統有組織的學習，透過接受教育讓人們能有計畫的建構對自我及對社會的認知。

• 學校教育很重要，但並非是精神體構建最重要的一環，真正至關重要的部分，是出生後成長的家庭環境。

• 家庭各種成分，如生活的習慣、家人們互相的溝通模式、長幼的倫理觀念、家事工作的分擔、金錢價值等，以上的這些要素組成我們每一個人精神體的「原始模型」，這才是最重要的部分。

• 進入社會工作，精神體仍不斷吸收新的知識，不斷進行重組，也就逐漸被群體化及社會化。

• 當人逐漸邁向成熟人格，開始自我定位、自我要求、自我實現的過程中，外界的群體影響力相當大，足以左右及撼動我們的精神體，因為個人的價值體系，很難獨立於群體體系之外。

• 精神體在我們的生命表徵中，肩負著維護我們生命財產安全的責任，對於各種危險有事先規避預防的機制，精神體對讓情緒體受到傷害的來源，也會想辦法防範或避開。

• 精神體依經驗法則啟動保護裝置，這個保護裝置是內建的自動裝置，這個程序就安裝在精神體。

心情小語：

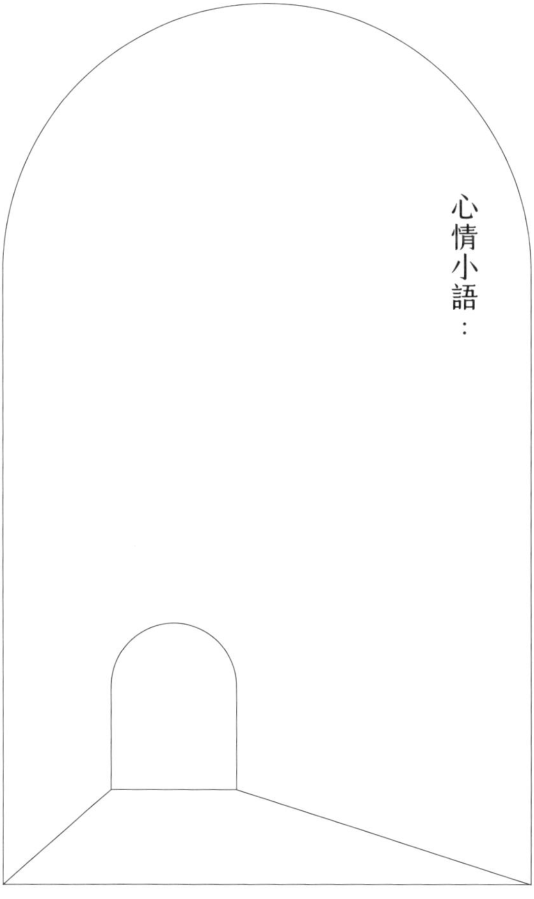

Chapter 13

平衡的智慧：精神體的實際展現

智慧的展現在於凡事恰到好處，無過無不及。正如飯吃得剛剛好，話說得剛剛好，愛一個人但不失去自我，剛剛好。精神體的品質和表現在現實生活中與成功息息相關。

身體和情緒體，精神體三者組成我們生命的核心，想要充分瞭解精神體，可以透過「品質」這個概念來闡述。精神體失衡的人，容易呈現出不清爽的外貌，眼神失焦，行為散漫，心迷意亂。如同空氣品質不佳時，天空變得灰濛濛的，陽光被遮擋，大自然失去了鮮明的色彩。當精神體能量不足，注意力無法集中，人就會處於難以專注的狀態。品質不佳的精神體就像窗戶上沾滿灰塵，使我們無法清晰地解讀外部的世界，而注意力的分散更導致遺漏了許多重要的細節，使我們難以做出客觀正確的判斷。同時，面對外界壓力的能力也會明顯下降，就像置身於「霧霾」中，呼吸已是困難不順暢，當然無法承受其他更多的活動了。

在前述篇章中，我們比喻情緒體如同溫度，而精神體則像是身體內部的空氣。你可能注意到，生活中常用「氣虛」、「氣滯」、「氣亂」等詞彙，尤其在中醫脈診時更為普遍。中醫強調精、氣、神，其中「精」類似於身體和情緒體，「氣」對應精神體，而「神」則對應意識體和靈性體。因此，氣足代表精神體充沛，有助於積極地行動、增強抗挫能力，能以樂觀的態度面對挑戰，並保有學習新事物的精力。

✦ 自律／精神體的優異展現

品質優良的精神體，在現實生活中表現為「能夠自律」，管得住自己。他們對自己有強大的約束能力，能夠實際地踐行正確且有益的事物。面對引發脾氣的情境時，他們能控制情緒，讓場面維持在可控的範圍，展現出高雅的修養及體面。相反，某些人可能因精神體虛弱，當情緒失控，便無法在關鍵時刻遏制情感，無法發揮精神體理性的功能來掌控局勢。

有人一旦決定減肥，立即開始控制飲食並進行規律運動，即使身旁充滿美食的香氣，他們仍然意志堅定。這展現了精神體在自律方面的優異表現。然而，大多數人難以抵擋誘惑，例如「我得吃飽才有力氣減肥」，這正是情緒體最常使用的藉口。情緒體難以抗拒美好的事物，需要精神體來達到平衡。然而，過於理性的人可能會被視為不通人情。總之，在現實生活中，精神體的展現直接影響著我們的情緒和行為。它的品質影響著我們對自己的控制能力、積極面對挑戰的勇氣，以及選擇正確道路的智慧。

✦ 案例／平衡規律生活與心情愉悅

在這個案例中，描述了一個家庭中丈夫和妻子對於規律生活的不同看法以及可能產生的影響。雖然這對夫妻的生活和家庭氛圍相對融洽，但對於維持嚴格的規律生活產生了一些情緒和心理挑戰。

這位丈夫的性格嚴謹，重視家庭生活，對健康十分關注。這使得他堅持全家每晚十點熄燈睡覺，不能吃宵夜，並要求太太和孩子要早起吃早餐。太太也認為這是一件正確的事，不但大力支持同時也督促孩子要遵守父親的規定。這種生活方式雖然對身體健康有好處，但卻可會對家庭成員的心情和情緒造成壓力。尤其是孩子在週末玩遊戲，希望能晚些上床睡覺，卻因為父親不斷地催促而引起家庭的不快氛圍，導致太太也捲入父子間的紛爭，對夫妻之間的關係也產生影響。這位太太雖然理解丈夫的用意，但也感受到在某些情況下這樣的規律生活讓她感到壓力。這位太太表示某些時候十點熄燈很掃興，如電視節目的情節正精彩，或者書還沒看到一個段落，或者想喝點小酒談談天，但因為之前就已經約定好了，也想給孩子做個好榜樣，所以在心裡逼自己配合這件「很正確的事」。她也分享了自己對於丈夫出差的心理狀態，即是當丈夫不在家的時候心裡感到十分輕鬆，而且她發現孩子也一樣，甚至還希望父親能晚幾日再回家。她開始意識到自己期待丈夫不在家的時間，這樣不會因為晚上的時間限制而充滿壓力，這是源於情緒體對於自由時間和輕鬆心情的渴望。

這位太太同時也反思了自己的心態，她擔心這種情緒可能會影響到夫妻之間的感情。她不確定這是否代表她和丈夫的感情正在變淡，但她希望能夠找到一種平衡，既能夠遵守生活規律，同時也能夠保持心情的輕鬆和愉悅。

我問她：「是日子久了感情變淡了嗎？」，

她回答：「不知道，但他晚上不在家，就覺得很輕鬆。」

「孩子也很開心，會主動上床睡覺，但就是時間晚了一些，不會準時十點，但也不會拖很久。我也是，基本已經習慣規律的生活了，但不用掐著那個點，就覺得很痛快。」

✦ 精神體與情緒體的平衡／智慧的展現

這個案例清楚地揭示了精神體和情緒體在個人生活中的運作，這對夫妻兩人都具有強大的精神力，他們堅持原則，不會放任自己去做無用處與無建設性的事，相信做正確的事情最重要，但這種堅持，對於生活中的情感和心情可能帶來一些衝突。過度的理性有時會使生活失去樂趣，而忽略了情緒體的需求。情緒體的能量來源是樂趣及歡愉的感受，它需要被滿足和慰藉，否則可能會產生反彈和逆反的心態。就像案例中的妻子說：「不用掐著那個點，就覺得很痛快」。她知道對於規律生活的要求，是基於健康的重要性，但她期待在緊繃的規律生活之外，能夠有些輕鬆和愉快的時刻，這是情緒體的需求。

這種情況下，為了實現情緒體和精神體的平衡，夫妻之間的溝通和理解至關重要，雙方可以坐下來誠實地討論彼此的想法和感受，尋找到一種能夠平衡規律和自由的方式。可以考慮調整時間表，讓每個人都能夠在有秩序的生活中感到舒適和自由。同時，夫妻之間的互相支持和理解，以及尊重彼此的需求，將有助於維持關係的健康和穩定。

例如，丈夫可以在週末時放寬一些規定，讓家人能夠根據個人的喜好和需求安排活動，這樣能夠滿足情緒體的需求。同時，太太與孩子也可以理解丈夫的用心良苦，總之需要及時與丈夫溝通，表達自己的感受和需求，以找到一種平衡的家庭生活方式。智慧的展現就是凡事「剛剛好」，即在任何事情都保持「度」的適切性，正如飯吃得剛剛好，話說得剛剛好，愛一個人但不失去自我，剛剛好。既能夠守住一些原則，同時也能夠給予情緒體足夠的滿足和空間。這兩者的平衡將會帶來積極的態度、持續的專注力，以及深度思考的能力。重要的是，通過平衡精神體和情緒體的運作，人們可以自然流露出一股從容、陽光、平穩的氣質。

本章總覽

- 精神體的品質很重要。精神體失衡或能量不足時，會散漫、迷茫，注意力無法集中，致無法做客觀及正確的判斷，承受外在壓力的能力也會降低。
- 中醫講精氣神，「氣」對應的是精神體，氣足就代表精神體飽滿。
- 精神體品質佳的人，在生活中常見的表現為「自律」，可以管住自己。
- 當一天的忙碌結束，享受一下鬆弛的狀態，做點喜歡的事，這個時候被打斷，心理上會產生一種委屈跟失落的情緒，累積一定程度，情緒體一直處於被壓制的情況就會想要造反。
- 要讓情緒體與精神體處於相互平衡的狀態說來簡單，其實要做到是需要下點功夫先了解二者的運作跟關聯。

- 智慧的定義就是凡事「剛剛好」，也就是掌握好「度」這個字，那自然平衡的狀態就出現了。
- 精神體健康能量飽滿的人，除了展現「自律」的這個特質以外，還能有一股從容、陽光、平穩的氣質。

Chapter 14

踏上內在的征程：精神體的信念及勇氣

每個人都是一個複雜的存在，內部存在著不同的能量頻率和需求，這些需求都是來自於你的不同層面，每一種展現都是你，但也都不是完全的你。

身體、情緒體和精神體屬不同層次的能量頻率，它們各自從不同的來源獲取能量。身體從食物中獲取主要能量，方式是進食與吸收。情緒體從親情、愛情、友情和歡愉中獲得滋養，方式是交流及感受。而精神體則透過知識、文化、藝術、音樂、美學和大自然中獲得，方式是欣賞、陶冶以及共鳴。

✦ 精神糧食與空虛感

這段文字強調了「精神糧食」的概念以及空虛感的根本來源，並指出了人們對於空虛感的錯誤理解。以下是對這段文字的進一步解讀。

我們都聽過「精神糧食」這個名詞，透過這個名詞，我們可以理解雖然精神體不是實體，卻也需要被滋養和照顧，就像身體需要食物一樣。當精神體缺乏糧食時，最直接的反應就是感到「空虛」。這種空虛感是精神體在提醒我們它餓了，它需要被餵養了。大多數人常常錯誤地認為空虛感來自於缺少愛和關心。然而，事實上空虛感不是由情緒體所引起的，所以並非缺乏情感的慰藉而空虛，而是由於精神體的需求未被滿足所導致的。這是一個重要的觀點，幫助我們更深入理解自己內在的需求。

✦ 充實有意義的生活

有一類人，對某個特定的領域感興趣，並在這個領域內投入了深度的鑽研。例如音樂、藝術、運動、烹飪、瑜珈、甚至是禪修等等。他們不需要他人的陪伴，因為他們徜徉於自己鍾愛的領域，從中獲取優質的精神糧食，得到充實感和意義，即使是獨自生活，他們也能感到安心及滿足。

✦ 繁忙而空虛的生活

反觀另一類人，雖然生活中有家人陪伴，但他們忙東忙西，整天將自己陷在瑣事裡，消耗了大量的體力和注意力。也有些人成天與朋友吃喝玩樂，但一回到家中，心裡頓時湧現很大的空虛感，這種生活方式讓人感到疲憊，缺乏意義與價值，內在的空虛無法被生活的忙碌填充，越忙越累，越累越空，越空越虛。這是因為他們缺乏營養的精神糧食，精神體的需求未被滿足。

✦ 寂寞與空虛的區別

空虛感不是因為缺乏愛或陪伴，而是因為缺乏精神體真正需要的養分導致的結果。這種誤解在生活中很常見，人們往往將空虛感歸咎於情感匱乏的外在因素，而忽略了內在精神層面的真正需求。寂寞和空虛是不同的感受，寂寞來自於渴望他人的陪伴和關愛，想要感受與旁人共處時，充滿氣息跟溫度的氛圍，這是來自身體跟情緒體的慾望。當身體跟情緒體對於陪伴的需求過度被滿足時，反而導致精神體的空虛感隨之而來，當我們心裡升起想要靜靜的獨處，單獨喝杯茶看點書聽聽音樂的時候，就是情緒體飽滿而精神體空虛了。至此，讀者們是否覺得「人」很麻煩，的確是的，人不僅麻煩還相當複雜，因為人這個物種同時有多種能量頻率重合在一起，每一種需求都來自於你，每一種展現也都來自於你，但都不是完全的你，所以內在充滿衝突矛盾，時常感到迷茫，性格善變都是正常的顯現。

所以要愛自己，首先需要先充分了解自己，觀照自己，深入了解身體、情緒和精神層面的需求和運作，找到正確補充能量的方法，減少內耗。愛自己的第一步不是享受物質生活，而是理解和照顧你全面的能量狀態。

✦ 成就感／精神體的能量大補丸

精神體本質上擁有一股天生上進的驅動力，對這股能量而言，最重要的養分是克服困難後所獲得的「成就感」。無論是學生正確解答一道複雜的數學題，還是琴者優雅演奏新曲獲得掌聲，亦或運動員突破自身記錄，亦或商人在競爭市場獲得高額利潤⋯⋯等等，這些場景的共通點在於其中均含有一定的困難，需要跨越障礙解決問題。這種突破困難的過程也同時磨鍊了精神體的強韌性。經過不懈的努力，嚐到美好果實的喜悅，確信自己有能力克服難關實現目標，是精神體茁壯所迫切需要的能量，亦是其主要養料，超越來自外界的鼓勵與讚美。

在子女成長的過程中，有些父母會捨不得讓子女經歷苦難，總是迫不及待地幫孩子解決一切大小難題。然而，這實際上剝奪了孩子磨練精神體的機會。當孩子長大，逐漸變得依賴，養成逃避和放棄的習慣。此時父母又開始了各種說教和責怪。然而，過去的因已經導致了今日的果，無法改變，成為不可逆轉的結果。

✦ 超越空虛／自我肯定的養分

當精神體充滿自我肯定的養分，空虛感無處可生。你會享受獨處的時光，因為你的專注力已經有了有意義的去處。因此，空虛感並非因為周遭無人相伴，而是你內在的驅動力在呼喚著你：

你的生命在空轉了，去尋找有意義的事情吧！
你需要合理安排生活節奏，太多的時間都虛度了。
你覺得自己沒有價值，檢視自己的目標，發揮你的潛力吧！

✦ 陽性動能減退／衰老來臨

有些人，在退休後快速衰老。常理來說，脫離工作崗位後，壓力減輕，有充裕的時間休息，還可安排各項休閒活動，身體和精神應當比從前上班時更健康才對。然而，現實情況未必如此。原因在於，精神體的陽性動能減少了。生活中不需要嚴謹的計劃和安排，缺乏目標感；不再需要在人際交往中費心思，生活失去挑戰；不再感受精神的緊張感和忙碌。久而久之，戰鬥意志疲弱，自我存在感和價值感下降，精神體變得低迷無朝氣，導致人整體開始衰老。但是，這並非意味著人必須時時刻刻保持緊繃，持續工作。

✦ 陰性能量作用的重要性

超越衰老的現象，不僅需要陽性的積極能量，更需要陰性作用。換言之，我們需要追求沈浸在有內涵和意境的活動中，以陶冶和養育精神體。每一個生命的存在，都有其興衰的週期，人的肉體逐漸衰老，若一直持續陽性刺激，身體將承受過多負擔，特別是隨年齡增長，我們應該逐漸加強陰性作用，來為精神體補充能量。陰性作用是指沈浸在內涵豐富、有意境的事物或活動中，凡具有真、善、美的人事物都能提供滋養的能量。

具備真善美特質的所有事物，都能滋養我們的精神體。人到中年，要重視及培養能怡情養性的事物，陰性作用不同於前述的成就感和價值感的陽性作用，它源於靜態的欣賞產生共鳴而來，在感覺美好的共振下自然升起滿足和充實感。陰性作用使我們的精神體呈現豐盛的狀態。這種狀態不同於物質錢財的富足，有形的物質是一種報酬，而無形的豐盛感能提升生命到更高的層次，引起對世界的讚美和感恩。這種提升無法通過金錢購買，也不是任何物質能替代的。

✦ 富足的來源／非物質性的能量

這樣也就解釋了為什麼有些人住在大別墅、開豪車，擁有大量財富，卻內心感到空虛，無法獲得滿足和快樂。因為實際上，真正令人滿足的不是物質本身，而是因為具備購置房產、車輛的能力所帶來的成就感。或許你會質疑，是因為價格數字不夠大，如果買的是一間豪華大別墅，怎麼可能精神體不會滿足呢？只要是正常人肯定會非常興奮。其實真正滿足你的不是房子本身，而是買的起這麼貴的別墅的能力展現，你用具體的事物證明了你的能力與成就。

然而，這種成就感隨著時間而衰退，無法持久。因此，我們需要不斷創造新的成就感。人們誤以為快樂源自於擁有有形的物質，所以會不斷購買，不斷追求，以為擁有更多的物質就能消弭內心的匱乏感和空虛感，結果陷入無止盡的追逐，成為物質的奴隸。最後人們會反思，為何擁有了豐富的物質，卻時常感到不快樂、迷茫和空虛。其實真正的原因就是沒有認識到物質本身原本就不能給精神體帶來恆久滿足感的這條真理。

✦ 簡單赤子心／追尋真實自我的勇氣

某天，我在路上偶遇了一位已有二十多年未聯絡的男性友人。他穿著運動服，姿態挺拔，宛如年輕時一般，唯一變化是臉上多了成熟的皺紋，雙鬢灰白。寒暄中我得知他已經退休兩年，依時間推算，他退休時年齡不到五十歲，故而引起我的好奇。他的回答讓我感到意外，他認為錢足夠用了，可以做點自己想做的事情了。於是我猜測他肯定已經積攢了很大的一筆財富，不想再幫人打工，準備自己經營事業。然而，接下來的對話讓我知道我完全猜錯了。他提到，他離開職場後並非投入創業，而是真正退休。每週花一天爬山，參與公務機關的義工活動。特別令人驚訝的是，他花大量時間研究如何修理和改裝古董重型機車。他描述著這些時，眼神中閃露著光芒，他的表情，讓我看到那個二十多年前熟悉的純真笑容，儘管時光荏苒，年輕的赤子之心並未遠去。他的言談讓我的內心非常感動，在那一刻我被療癒了。見證到在這個充斥誘惑和困惑的人世間，仍然存在著一些不受歲月的摧殘，保持著真實自我的純淨心靈。

✦ 克服外在壓力／跟大自然學習

然而，他提到決定退休的過程並不順利。他的家人和朋友們對此有許多質疑和阻撓。雖然他能確保家人的生活條件和基本保障無虞，以及規劃了穩健的投資理財計劃，但仍然難以取得家人和朋友的認同。他所聽到的反駁聲音多種多樣：

「人生還很長，錢怎麼可能夠了？」

「萬一出現意外的支出怎麼辦？」

「既然能賺，為什麼不多賺一點留給孩子？」

「是不是壓力太大，去看看心理醫師吧！」

「你只想著自己，有考慮到我們嗎？」

「別人是賺不到錢，你卻有錢不賺，是不是頭殼壞了？」

我可以想像會有多少的懷疑和驚訝的聲音充斥在他的耳邊，他說道當時感覺自己像個異類或罪人。他最後力排眾議的方式是，他不再聽來自各方的諸多誹議，決定獨自上山，一個人去安靜的山裡聽聽樹怎麼說、雲怎麼說。

我笑著問：「他們怎麼說？」

他回答：「全都沒回應我，根本不理我，我還試著感應看看，但真的沒回應。」

我哈哈大笑接著問：「那你後來怎麼辦？」

他說：「我學樹跟雲，不回應所有人！」

我驚呼一聲：「哇賽，你真是太酷了！」

他靦腆地笑著說：「沒有啦！我有時候也在想自己是否太自私，但人的一生又不是為了來工作的。」

✦ 愛自己與做自己的挑戰

從這個例子，我們看到遵從自己的內心，做真正的自己是多麼得不容易。強大的精神不僅需要面對內部的自我掙扎，還得要面對外部的挑戰。許多人都強調「愛自己」、「做自己」，雖然聽起來容易，實際上卻是人生的持久課題。所以首先，我們需要真正了解自己，平衡能量，才能清晰自己的方向，擁有魄力和定力，不遺憾不後悔地穩健前行。否則，愛自己和做自己將只是空話罷了。

本章總覽

- 一旦缺乏精神糧食，最直接的反應就是感到「空虛」，當有空虛的感覺出現時，代表你的精神體在告訴你它餓了。
- 空虛這個問題是歸精神體管的，而非情緒體。
- 寂寞跟空虛不一樣，寂寞是來自於身體跟情緒體的渴望未滿足，故而寂寞對應的是身體跟情緒體。
- 當身體跟情緒體的需要過度被滿足時，反而精神體的空虛感會伴隨而來，這個感覺來時，我們會自然地想要靜靜的獨處一下。
- 人這個物種同時有多種能量頻率交會在一起，每一種需求都來自於你，每一種展現也都來自於你，但都不是完全的你。

- 我們需要花時間好好的研究自己，觀照自己才是愛自己的第一步。
- 精神體天生自帶一股上進的驅動力，對精神體的陽性能量而言，解決困難之後的「成就感」，是最高級的能量補充。
- 當精神體有了自我肯定的養份，空虛感是無從而生的，你能享受與自己在一起的時光，因為你的注意力有了一個有意義的去處。
- 補充精神體的能量，除了陽性作用的刺激以外，還有陰性的作用，經由陶冶及共鳴的方式。
- 在年齡漸長之後，要增加陰性的作用來補充精神體的能量，方法是沈浸在有內涵有意境的事物或活動中，來陶冶我們的精神體。
- 陰性作用是經由靜態的欣賞產生共鳴而來，在感覺美好的共振下自然升起的滿足感跟充實感，它讓我們的精神體呈現一種豐盛的狀態。
- 物質的數量及價格，是填補不了精神體所需要的能量。
- 「愛自己」、「做自己」為每個人一生的課題，所以首先要能充分瞭解自己，如果不瞭解自己，能量不平衡，根本沒有能力愛自己跟做自己。

Chapter 15

深層探索平衡之道：精神體的特質

我們知道我們不知道什麼，是解開的謎底。但，我們不知道我們不知道什麼，卻是真正的迷局。

源能量五體的特性，與七大脈輪相呼應。身體對應海底輪，情緒體對應臍輪，精神體對應胃輪及心輪，意識體對應喉輪及眉心輪，靈性體對應頂輪。

✦ 精神體的思維之道

精神體肩負著自我表達的責任，並力求讓這份自我和諧地融合於集體之中。為實現此目標，精神體的首要工作在於排除障礙，確保一切順利有序地進行。因此，**「邏輯性的思維」**成為精神體特有的特性之一。此外，更高層的核心任務是實現自我，展現自己在群體中的價值。這需要更強大的能量來挑戰並克服困難，爭取更多的發展機會。因此，**「競爭性的思維」**的特質涌現，成為激勵我們進步的動力。這種思維使我們能夠堅韌不拔，善於抗耐疲勞並辛勤工作。競爭並不是負面特質，而是一種不斷超越的自我激勵。

「危機性的思維」是精神體另一個特質，提醒我們警惕未來可能的威脅，預測生活中可能造成危險的情境。這種特質猶如一種警報機制，賦予我們自我控制的能力，保持警覺，有助於保護我們的身體和情感。讓我們居安思危，在穩健中，理性地規劃未來。

✦ 平衡中的力量／精神體的守護與攻擊

精神體是個體成功條件的關鍵元素，能量飽足平衡的精神體，蘊含著強烈的求知欲望，對生活中的種種事物充滿好奇心。它會在獲得或學習新知識時，引發一種喜悅的充實感。精神體負責「守護與捍衛」，同時也要「攻擊並突破」。它肩負主動與被動雙重任務，不僅需要有為有守，更需要平衡，不能只求進取而忽視守護，或只攻而不守，否則可能導致能量耗損與不平衡。因此，在發展精神體的陽性特質的同時，也切勿忽視陰性能量的滋養和補充。

如同生物依賴空氣維生，精神體之於我們生命中的重要性不容忽視。正如空氣品質影響健康，精神體的平衡也決定了我們生活的質量。失去平衡的精神體猶如稀薄或受污染的空氣，對身心的傷害無可忽視。造成精神體失衡的根源，往往源自多方面的因素。近年來，許多醫學期刊論文指出，無論是生理還是心理疾病，最常見且普遍的成因是「壓力」。壓力無所不在的普遍現象，負責抗壓的精神體更是承受了超越過往的任務。

✦ 壓力的多重來源

現代人從「懂事」開始，壓力便如影隨形。孩童入學後，課業壓力隨之而來，遠遠超過正常負荷。最近，一位學生家長前來諮詢，他的初中女兒讓他困擾不已。兩個月來，每天早晨，家中瀰漫著緊張的氛圍，多次爆發衝突。原因是女孩不願起床上學，父母束手無策，但無法放任不管，不論如何苦口婆心軟硬兼施都沒用，家長也因此處在崩潰的邊緣。養育叛逆又面臨繁重課業的孩子，家長肩負的壓力真是無法言喻。這個實例顯示，多數人不僅要面對個人的壓力，還需承擔來自周圍人轉嫁來的額外壓力。就像這位青少年無法承受課業壓力，逃避上學，在他個人扛不起的情況下，壓力外溢到父母身上。形成了家庭成員越多，關切的人越多，壓力相互疊加的機率就越多。因此，現代人的精神痛苦和心理疾病相對於上一代人激增了數倍。

既然壓力無法避免，我們必須懂得應對。如果身體各方面都很健康，情緒也相對成熟穩定，我們的抗壓力能因此而增強。倘若身心狀態不平衡，身體機能運行不順暢，單靠精神體的力量來抗壓是力不從心的。身體與情緒體若無法起到支持和調和的效果，最終將會先產生亞健康的症狀。失眠、頭痛、肩頸僵硬、免疫力下降、胸悶、無明顯原因的心悸等症狀，都是重要的警示信號。忽視或未能有效紓解和調理，將加劇問題，甚而引發嚴重的身心疾病。

✦ 自責／破壞性的能量消耗

自責是精神體失衡的其中一個原因。雖然自我反省是一個促進自我改善的好習慣，但自責常伴隨著自我否定，這種負面的情緒頻率會嚴重地消耗我們的精神能量，不自覺地在內部進行自我打擊。自責不僅對我們自身造成傷害，也會影響我們的信念系統。長期下來，這種自我否定的能量會影響我們正常的展現和能力的發揮。自責行為也會引起過去不好的經驗重新浮現，如同標籤黏附在心靈上。當類似的情境再次出現，我們因害怕再次犯錯而受限。這種自我折磨在內心運作，外表不太明顯，卻無聲地擾亂著我們的信念系統。結果可能呈現出退縮、逃避、自信不足，嚴重者甚至發展成社交障礙、恐慌症等問題。

✦ 評判／能量分散的外在攻擊

與自責相對的是評判，評判是將注意力從內部轉移到外部的行為。若能客觀中立地評判，影響可能不大，最多就是耗損能量。但常常評判帶有主觀情感，評判他人時，通常是因為某些地方讓你感到不適不妥，這已經分散了我們的注意力，原本此時可以選擇到此為止，避免更多的能量消耗，但這種習慣評判的傾向使我們不自覺地將更多的注意力沾黏在不如己意的事物上，花更多的精力在不必要的評判上。生活中我們常將自己置身在裁判或評審的位置，用自認為勝人一籌的觀點，來評價各種人事物。不但得不到報酬還自我消耗，無奈的是世人總對這些行為樂此不疲，在日常生活中不斷上演用自己的價值觀、審美觀或是非觀來呼叨他人。

這些評判之詞，不論是說出口或僅存在內心，都已耗損我們精神體的注意力能量，於此同時在我們內在的意識空間留下大量的「浮游物」。所有沒有形成語言的文字、碎片無用的念頭，因無法與信念系統結盟，就形成了浮游物。浮游物就如同散落在四處的各種零件，本身並無實際的功用，也無法組裝成為可用的器具，混亂無章地佔據著空間。這些紛繁的思緒妨礙我們的專注，使記憶力下降。這種情況可能因我們未察覺自己腦中不斷湧現的無用念頭而引起。雖然這些念頭未轉化為語言，但它們已可能變成「浮游物」。

✦ 評判的反作用力與影響

對他人或事物的負面評判，將以反作用力的方式回到自身。評判之時，已形成注意力的消耗，即使當下未發聲，也已經在內心築起一道牆，阻礙愛的流動，增加內心的孤寂感。這種隱藏式的影響不僅與身體和情緒體有關，在人生的各個面向中，更成為無形的障礙，阻撓我們邁向成功。

✦ 自責和評判／消耗能量限制思維

自責和評判所帶來的能量浪費，使我們陷入偏執和狹隘的思維格局。這種狀態限制了我們生命中的機會和可能性，同時也降低了成功的機會。在面對危機時，這種思維僵化使我們無法靈活應對，錯失轉機。這些人可能一生都守護著自己的小天地，難以開創新局，無法突破現狀。雖然他們可能不會犯大錯（因為對別人的錯誤很難容忍，也不允許自己輕易犯錯），卻無法與更高層次的意識體連接，無法感受到更廣闊的能量頻率。這種僵化將我們立體的生命壓縮成平面，造成巨大的錯失。正如那句充滿哲理的名言所說：「我們知道我們不知道什麼」，這尚且有解，但「我們不知道我們不知道什麼」，才是真正無解的。

✦ 創傷／關於痛苦的回憶

除了自責和評判外，另一個影響精神體平衡的因素是「創傷」。有些人在生命中突然面臨難以承受的痛苦，例如親人的離世、情感的背叛、工作生意上的巨大損失，甚至意外造成的身體傷害等重大事件。雖然精神體在事件發生時會自動啟動應激機制，幫助我們應對當下的困境，但事件過後，這些痛苦可能以不同的形式反彈，形成我們所說的「創傷症候群」。每個人走出創傷的時間不同，甚至有些人可能終身無法完全脫離陰影。創傷對我們的影響深遠而持久，故然在修復的過程中身邊需有可信賴的人陪伴，但尋求專業的心理治療才是最重要的。若創傷成為精神體的病根，可能永久地扭曲或破壞我們的信念系統和價值觀。這將使我們無法擁有充滿希望、樂觀和積極的人生態度，這可能是一生的遺憾。

✦ 靜態涵養／禮記大學篇

涵養精神體可以從靜態和動態兩個方面著手。首先，靜態的涵養方法，我們可以參考禮記大學篇中的「定、靜、安、慮、得」五個階段。這些階段有著有序的進程，是一個很好的循序漸進的方法。其中，「慮」即思考、思慮，為什麼排在第四的階段呢？因為在經歷了定、靜、安的過程後，問題變得更加清晰，立場也較為客觀，思考才能更周全，這才是思慮的好時機。在日常生活中，我們應該在定、靜、安這三個層面下努力，讓自己處於保持精力充沛的狀態，而不是在疲累不堪的情況下，東想西想。現在有很多人透過不同的方式學習靜心、打坐和冥想，這是極為重要且有益的生活習慣，更是對精神體極佳的涵養。

✦ 外動內靜的自然律

我們曾於課堂中討論到靜心的重要性，許多人也反饋道很想學習靜心的方式，但總覺得自己不能持久，無法達到效果。雖然時常提醒自己要讓內心平靜，但連十分鐘都坐不住，如何實現這一目標呢？首先，我們需要理解一個規律：「外動內靜、外靜內動」是一種自然的常態。舉例來說，當外界環境不斷變化，我們的注意力會被各種刺激吸引，聲音和畫面源源不斷地傳遞到我們的大腦。在這種情況下，我們的內心不容易胡思亂想。

一個學生分享了他的經驗。他去了一家夜店，現場音樂震耳欲聾，光線昏暗，整個環境非常喧囂。他幾乎沒說話，只是坐在那裡看著人們跳舞、喝酒。當下的他內心非常平靜，沒有太多思緒，像個安靜的旁觀者，因此他認為自己擁有一種超然的靈性。然後，他回到家中，覺得不能辜負自己高貴的靈魂，於是他想打坐冥想，體驗靜心無念的感覺。然而，當他閉上眼睛關閉外界的刺激後，他的內心卻開始湧現各種念頭，剛才在夜店的場景如同重播一般栩栩如生，一些雜亂的畫面不斷湧現，最後連七八年未見的朋友也出現在他腦海中。這些念頭讓他感到煩躁不堪。這個例子的情況是非常正常的現象，因為我們在觀察外界時，外界的變化會吸引我們的注意力，而當我們閉上眼睛，注意力轉向內在的世界，當身體不動周遭越安靜，內在世界的活動就變得更加明顯。此時，急著讓內心平靜的「急」，或者試圖讓內心平靜的「想」，反而可能引發更多煩躁。

✦ 成為旁觀者／觀察內心的思緒

在這種情況下，只需觀察這些思緒和念頭，就像觀察跳舞喝酒的人一樣，成為思緒的旁觀者。不需要刻意干預，不需要定義，只需要純粹觀察。讓自己持續成為旁觀者，靜靜地觀察著念頭的流動。隨著時間的推移，這種觀察將培養出一種隨時能夠平靜觀看世界的定力與品質。定靜安將成為心靈的主旋律，這樣，我們的精神將始終處於清晰平靜的狀態，展現出從容淡定和穩重的氣質。

✦ 動態的涵養／汲取真善美的元素

在涵養精神體的動態方面，我們需要從生活中汲取真善美的元素。這些元素可以來自知識、文化、藝術、音樂、美學以及大自然。通過沈浸、陶冶和共鳴，我們可以補充並提升自己內在的精神品質。如果我們在一生中無法欣賞這個世界的美，無法感受這個世界的真，無法接收這個世界的善，沒有從中吸取養分來推動自己的成長，那麼這樣的一生就好比是一場空手而回的旅程，多麼令人感到可惜啊！

✦ 動靜兼備的精神涵養

要涵養精神體，不僅需要靜態的修習，還需要動態的吸收。學習從靜靜地「看著」事物，到「觀照」一切，這是一個由淺入深、由點及面、由變動到寂靜的過程。這個過程需要通過不斷練習與實踐來逐步完成。除了方法的正確應用外，更需要長時間的積累。這個過程會不斷提升腦部能量，疏通腦神經，有助於整個精神體的提升。身體、情緒和精神三者相互支持，和諧運轉，使我們能夠堅定地應對生活中的大部分挑戰。這三個層面的平衡將為我們的源能量提供穩固的基礎。當這三個層面的平衡被確立時，我們就能夠更加安穩地生活。

有了前述三個層面的基礎後，我們可以進一步開發意識體和靈性體。這不僅能夠事半功倍，更賦予我們生活更深層次的意義。當我們內在的各個層面得到平衡和提升，我們就能夠更充分地發揮我們的潛能，達到精神的富足和內心的寧靜。

✦ 本章總覽

- **身體對應海底輪、情緒體對應臍輪、精神體對應胃輪及心輪、意識體對應喉輪及眉心輪、靈**

性體對應頂輪。

- 精神體的基本任務是自我表達，並讓這個自我能和諧融和於群體之中。
- 精神體首要任務在於排除障礙，讓一切事物正常有序的發展，因此「邏輯性的思維」是精神體的特性之一。
- 精神體高階的核心任務是自我實現並在群體中展現自我的價值，所以精神體有一個另外的特質是「競爭性的思維」，善用這個特質能讓我們積極進取。
- 精神體還有一個特質是「危機性的思維」，這個特質就像一個警報機制，讓我們可以有自控的能力，有警戒心，得以保護肉體調控情感，理性的謀劃未來。
- 精神體是一個與成功息息相關的體。
- 精神體肩負著「守護捍衛」及「攻擊突破」的責任，不能只放不收，只攻不守，否則會帶來耗損跟失衡的結果。所以在展現精神體中的陽性特質之餘，更不能忽略陰性能量的滋養及補充。
- 不管是生理或心理的疾病最普遍及常見的是來自於「壓力」這個因素。
- 如果忽略因壓力導致的徵兆，沒有進行有效的紓解跟調養，會加重問題而產生較嚴重的身心疾病。
- 精神體失衡的原因也來自於自責，自責是一個非常損傷能量的行為，自責伴隨著自我否定，以一種負面的頻率，不斷消耗精神體，在內部進行自我攻擊。

- 來自內心的自我打擊，通常不會明顯表現出來，但卻在內部無聲息地瓦解精神體的信念系統。
- 相對於自責，另一面就是評判，自責往內攻擊，評判向外攻擊，因某個對象讓你看不順眼時，已擷取了你注意力的能量。
- 注意力的去處就是能量的去處，每個人的注意力是有限並珍貴的。
- 這些評判的言詞已經大量的消耗了精神體中注意力的能量。
- 生活中看不順眼、聽不順耳的人事物，內心所給出的負面評判，會以反作用力的方式回到自己的身上，作用力與反作用力時刻存在。
- 因評判製造出來的浮游物及反射回來的作用力，讓我們呈現思想偏執及格局侷限的狀態，削減了生命中的各種機會及可能性，也同時降低了成功的機率。
- 在遇到危機時，思維僵化不夠靈活，導致解決問題的方式不足，應變速度不夠快，會錯失良機。
- 生命裡巨大的錯失，是許多人終其一生都不曾發覺的，所以有句富含哲理的名言，「我們知道我們不知道什麼」這尚且有解，但「我們不知道我們不知道什麼」這才是真正無解的。
- 每個人走出創傷的時間不一樣，甚至有些人終身無法走出事件所帶來的陰影，需可信任之人陪伴，最重要的要尋求專業的心理治療，若形成精神體的病根，則信念系統跟價值體系將受到永久性的扭曲或破壞。

- 涵養精神體的方式，可以分為靜態跟動態兩個方面。
- 靜態的部分，「定、靜、安、慮、得」，有次第的循序漸進是一個很好的涵養方法。
- 有了定、靜、安的品質，問題會變的清晰，立場較為客觀，思考變得周全，要多在定靜安三個層面下功夫，讓自己處在養精蓄銳的能量裡。
- 「外動內靜、外靜內動」是一種自然的常態，看著外界的時候，我們的注意力被外界各種變化抓住，當你閉上眼睛關閉外界信息進入時，你的注意力自然轉向到你的內在世界，當身體越安靜，內在世界的動態就越明顯。
- 面對內在的思緒，讓自己依然是個旁觀者，就只是看著，久而久之，涵養出一個隨時能靜看世界的品質，此刻精神體安住在一個清晰沈靜的環境，自有一股從容淡定、平穩的氣質顯現出來。
- 精神體需要汲取生活中真善美的元素，從知識、文化、藝術、音樂、美學及大自然，讓我們經由沈浸、陶冶及共鳴的方式，來補充並提升自己內在的精神品質。
- 精神體要淬鍊要涵養，動靜皆可得。學習靜靜的「看著」到「觀照」一切，是由淺到深，由點到面，由變動到寂靜的過程，這個過程需要靠自己實踐，方法要正確外，更需長年累月的練習。

Chapter 16

層層啟明：揭示意識體的深邃神秘

精神體能夠創造個人的成功，但其影響範圍相對有限。而在意識體與精神體共同合作發揮作用的情況下，才能夠創造眾人的成功。

意識體從名稱來看，顧名思義與思想相關，然其內涵其實遠遠超過多數人所理解的。思想僅涵蓋已知的範圍，而一個健康平衡的意識體則擁有探索與創造的推進力。意識體，是我們與未知接觸之界面。當它延展於未知領域時，充滿了擴展與興奮的頻率。然而對於「未知」這個課題，多數人皆充滿恐懼，視之為無法預測的風險、失去掌控，充滿不安。若以擔憂恐懼的觀點來看待未知，我們可以明瞭這種感受並非意識體的頻率，乃是那個保護我們負責管控危機的精神體。精神體展現於邏輯、管控、信念，意識體的作用則在於創造、覺察、探索。

✦ 探索未知的意識體

有諺云：「先相信而後看見」，此處的相信，即是意識體在內在形塑的影像，彷彿未來即將前往之地，但這個地方我們尚未去過，故而不屬於已知經驗的範圍，然而此地點的畫面、影像卻浮現在腦海，或許你會對此感到訝異或疑惑，但又隱含興奮的感覺，彷彿已身歷其境、感到滿足與喜悅。多數人會將這類的經驗視為胡思亂想，又或認為這是不切實際的幻想。然而其實是潛意識透過意識體，向你傳達的訊號。此訊號可能是你內心深處的渴望，或是在未來即將成為事實的某種可能性。可惜的是這個瞬間瞥見一閃即逝的訊號，通常大多被淹沒在日常瑣碎的流水線中。

意識體，乃銜接表意識與潛意識之媒介，潛意識的訊息透過意識體來呈現，而其通常以直覺的形式表現，缺乏邏輯性推演的步驟，故很難去捕捉並解讀其背後的意義。通常這類的訊息容易被歸類為注意力不集中的胡思亂想。此為常態，因為多數人未曾領略意識體的運作方式，亦未曾與自己的意識體相連結。

✦ 探索的本能

在人類天生的基因裡，我們蘊含著對未知領域的探索渴望。有些人擁有明確目標和堅強意志，他們在工作和生活中不斷追求突破，超越自我的限制。這種本能驅使人們持續努力，也解釋了為何我們常見勉勵人心的口號，如「辦法總比問題多」、「真正難的不是做不到，而是想不到」、「人們不知道自己不知道什麼」等等。無論說辭如何，這些口號都勉勵我們應該要突破限制，尋找和創造新體驗來克服困難、解決問題。

然而，辦法究竟在何處？方法又是什麼？我們如何找到更佳的解決方案呢？在我們探索這個問題的過程中，我們清楚地看到一條明確的界線，一邊是已知，另一邊是未知。依靠已累積的經驗來解決問題相對容易，這屬於精神體的範疇。然而，踏入未知並尋求解決方法則充滿著困難，這需要意識體的介入。

✦ 運用意識體／保持彈性

要如何運用意識體來引領我們進入未知領域呢？首要的條件是保持彈性，就像是鬆軟的土壤，能夠為可能性的種子提供滋養。這種思維的靈活性讓我們更勇敢地面對未知，同時也能更充分地運用意識體的潛力。保持彈性的態度，意味著我們願意尊重差異，容納不同的觀點，這是打開各種可能性之門的關鍵。

在前進的路上，或許我們並不能確定未來的一切，但是，保持彈性的心靈將引領我們穿越未知的領域，迎接無限的可能性。這種柔軟的心態讓我們更敢於探索，更有能力將未知轉化為創新和進步的機會。無論我們面臨怎樣的挑戰，保持彈性的心態將使我們更能夠跨足未知，迎接無限的可能性。

✦ 意識體在生活中的展現

在日常生活中，我們可以廣泛地將意識體的表現分為兩種：寬廣和局限。以下是一些生活中的例子，用來闡述這兩種不同的表現方式：

寬廣的意識體展現

有些人對於新奇的事物充滿好奇心，願意接受和探索各種不同的訊息。他們對於超越自身認知範圍的事物持開放的態度，並願意嘗試去了解和接納這些新事物。這樣的人通常在接觸新事物時，抱持著樂觀的態度，願意嘗試、學習，並在不斷的探索中獲得成長和滿足。他們的意識體保持著靈活性，能夠不斷地擴展自己的知識和經驗。

局限的意識體展現

然而，有些人對於超出已知範圍的事物抱持著否定和懷疑的態度。他們可能對新奇的事物不感興趣，甚至排斥接觸相關的訊息。這種情況在某些中年男性中更為常見，我們常用「主觀」來形容這類人。雖然他們可能在某些領域有成功經驗，但他們的思維固執，對於新事物的接觸面受限。這樣的情況使得他們的意識體處於一種局限的狀態，若旁人刻意要影響他迫使他改變，不僅會升起敵意，整個排斥與防禦會比先前更嚴重。

意識體的固著與改變

一些人的意識體已經固著，對於新事物產生排斥，甚至對專家的見解持懷疑態度。這種情況下，他們可能無法輕易地學習新的技能或接受新的知識。然而，有些長者能夠跟上社會文明的進步，使用現代科技，擁抱新的社交軟件，這表明他們的意識體仍然保持靈活順暢地運作著。

在生活中，一些人可能因年齡或其他原因而感到自己很難再應新的事物，對於改變和學習新技能抱持抗拒的態度。例如家中的長輩，他們常說自己年紀大了，大腦不靈活了，對新事物不感興趣，並傾向於在熟悉的領域中鞏固自己的舒適圈。這樣的長輩在交談中常重複相似的話題，喜歡回憶過去，尤其是一些負面的經歷，表現出無限的抱怨和委屈，誰曾經對不起他，誰曾經欺騙他，他能鉅細靡遺回到過去般清晰地訴說著。雖然這樣的情況可能令人困擾，但我們不必過於苛責他們。了解五體的運作，我們會明白改變他們並不容易，因為意識體已經衰亡，新的認知難以進入他們的思維系統，而精神體又充斥著滿滿的負面印記，情緒體的委屈又已是陳年老帳，深深坎入無法剝離。面對這樣的長輩，我們不需要強行改變他們的想法，也不要與他們在認知上爭執。在未能讓他們的意識體重新活躍並消除負面印記之前，我們能做的是安撫和接納。從情緒層面入手，而我們要盡量時刻保持在意識體通透明晰的高度，帶著理解和愛，這樣才不會被他們的負面情緒共振而受到影響。

✦ 夫妻間的意識體互動

中年夫妻的婚姻生活中，最互相消耗難熬的就是出現一方的意識體已經停滯，而另一方仍然保持活躍的情況。這種情況在日常生活中容易引發許多爭執和隔閡，因而影響彼此的關係。這個爭執的根源在於人的內在狀態，而非來自外在事物。有些夫妻從中年到晚年，令旁人稱羨地保持著幸福的婚姻，是因為他們之間在精神體方面能夠互相滋養，在意識體方面能夠互相激發，一同成長，面對各種挑戰。儘管他們的生活可能看似平淡無奇，卻瀰漫著幸福的氛圍。這是因為兩人的內在世界互有流動有連接，能夠不斷擦出新的火花。他們經常能夠找到話題，無論是一起用餐、運動還是閒聊，總是充滿無法言喻的樂趣。

對於剛步入婚姻的年輕夫妻，由於身體健康、精力旺盛，情感基礎更多地來自身體和情緒體的歡愉感受。然而，隨著時間的推移，婚姻生活進入常態，身體和情緒體的刺激感會逐漸減少。此時，情感基礎的成分比例開始向精神體和意識體偏移，用以彌補身體和情緒體的滿足感逐漸下降。當這些成分開始消長的時候，若雙方無法在精神體和意識體方面實現共鳴和交融，婚姻可能會面臨危機，這也解釋了為什麼我們會聽到同床異夢、最熟悉的陌生人、精神守寡等現象。事實上，有專家曾提出一個數據，在大學聯考結束後，中年人的離婚率顯著上升，這表明若婚姻中無法找到精神層次的共鳴和理解，當雙方認為對孩子的責任完成後，婚姻就難以繼續。因此，中年夫妻間的關係需要在精神體和意識體方面建立連結，使兩人能夠在內在的世界中保持流動和共鳴，從而繼續共同前行。

✦ 工作場所中／意識體的影響

在工作場所中，我們也能夠清楚地觀察到意識體對於人際關係和變革的影響。例如，在一個公司的合夥人關係中，若彼此的意識體差距過大，可能會面臨分道揚鑣拆夥的局面。當你與你的主管之間的意識體能量差距過大，無法相互匹配時，你可能面臨被解僱或需要自行離職的情境。

意識體與精神體之間最大的區別在於，精神體具有忍耐的能力。它能夠因理性因素或特定條件而妥協，並尋求適當的安全界線，以實現互相尊重並繼續合作。然而，意識體不同，它無法被信念系統或大眾認知控制。若試圖壓制意識體，其反彈力度將更大。意識體的運作頻率高於精神體，因為信念和認知的頻率都低於它，所以在意識體面前，精神體的方法無法奏效。

正因如此，那些有著強大意識體的人，通常是那些創辦公司、改變商業模式、建立新市場規則的人。他們敢於冒險嘗試，充滿顛覆和變革的衝勁。意識體將「大破大立」中的「破」發揮得極為徹底。然而，並非所有具有創新思維的公司都能取得成功。因為將創意付諸實行需要精神體的忍耐、自律、溝通和堅持。換言之，精神體能夠創造個人的成功，但其影響範圍相對有限。而在意識體與精神體共同合作發揮作用的情況下，才能夠創造眾人的成功。

✦ 格局的影響和擴展

說到這裡，我們來探討一下「格局」這個主題。大多數人都認同「一個人的格局是很難改變的」這個觀點。我們身邊可能有些自己創業開店開公司的親友，他們的事業在一定程度上取得了成功，但在某個階段遇到了瓶頸，似乎很難突破，接著可能整個公司的績效開始衰退。這種情況就是發展到某一個程度，各方面的問題逐一顯現，像似被一層無形的玻璃罩包圍，很難再擴展。然而，商業領域競爭激烈，變化快速，這時精神體會啟動危機感思維的機制，驅使他們要盡快突破現況、解決問題。然而，在這個緊要關頭，最重要的是避免剛愎自用，切忌在緊急情況下做出匆忙的決策。否則可能會陷入當局者迷的局面。那些被稱作「旁觀者清」的朋友，即可能在背後議論，說某某人就是運氣不佳、時局不好，或者是因為格局過小，所以事業到一個程度就上不去了。

那麼，究竟什麼是「格局」？如何擴大我們的格局？

格局的大小完全由意識體所決定。

就像你站在一樓、十樓、二十樓望出去，看到的風景完全不同。一個擁有強大意識體的人，能夠洞察到二十樓的景象，而二十層的景象象徵著內在高層次的洞見。擁有高層次洞見能力的人，才能被稱為擁有大格局。高層次的洞見能力，不是透過學習能得來的，而是在成長過程中，家庭文化、家庭教育的養成至關重大。另外成年後的經歷、心量、悟性和從挫折中重生的經驗，都是構成高層次洞見的關鍵因素。

總的來說，唯有開展和提升意識體，我們才有機會改變自己的格局。意識體的本質是創新、變革和突破，精神體善於框架和格式，二者處於完全不同的 能量頻率。對於那些抱有雄心壯志的人來說，開展意識體尤為重要，因為只有明晰、敢於冒險的意識體，才能真正配得上英雄的抱負。

本章總覽

- 意識體顧名思義是跟思想有關，健康平衡的意識體具備一種探索及創造的動能。
- 意識體是我們與未知的接觸面，當它往未知延伸時，是一種擴展跟興奮的感受。
- 精神體的作用顯現在邏輯、價值觀、信念系統這三方面，而意識體的作用在創造、覺察、探索這幾部分。
- 「先相信而後看見」的這個相信，就是意識體在內在形塑的畫面，這是你的潛意識透過意識體，在對你提出一個訊號，這個訊號可以解讀為是你內在深層的渴望，或者是你生命中的一個可能性。
- 意識體銜接我們的表意識及潛意識，潛意識的訊息會透過意識體來呈現，意識體通常以一種較為籠統的直覺，缺乏邏輯性的推演，所以很難去捕捉並且解讀這個訊息背後的意義，且容易將這類訊息當成是注意力不集中的胡思亂想。
- 有一個很清楚的線在那裡，一邊是已知一邊是未知。用已累積的經驗來解決問題是容易的，它屬於精神體的部分，到未知去找方法是困難的，屬於意識體的部分。

- 如何藉由意識體來帶領我們進入未知的領域，首要的條件就是保持彈性，保持思維的彈性，尊重差異，允許不同才能出現各種可能。
- 在生活中我們可以廣泛地將意識體展現的情況概括分為寬廣的或局限的。
- 對於超過自己認知範圍的事物，抱持否定及懷疑的心態，屬於主觀意識強的人，發生在老人及中年男子身上居多，這個人屏障了很多新事物的接觸面，一旦思維處於這種情況，那意識體基本上已屬於衰亡的狀態。
- 意識體愈衰弱的人，思維越固執，也越害怕改變。新的認知已經進不去他的思維系統。
- 面對已衰亡的意識體及被負面佔據的精神體，唯一能做的就是安撫及接納，而要盡量保持意識體通透明晰的高度來看待，這樣才不會被負面情緒影響。
- 在中年人的婚姻生活中，最難也最彼此消耗的，就是一方意識體已經停止運作，而另一方卻還很活躍。問題是出在於人的內在，而非事物本身。
- 白頭偕老的幸福夫妻，在精神體能互相滋養，在意識體能激活對方，共同成長共同面對挑戰，因為兩人在內在世界有流動。
- 剛步入婚姻的年輕夫妻，以身體跟情緒體的歡愉感佔的比例較多，婚姻生活進入常態後，情感基礎的佔比就會向精神體及意識體來移轉。

- 精神體能創造個人的成功，範圍較小。意識體跟精神體加起來共同合作發揮作用才能創造眾人的成功。
- 決定一個人格局的大小，是意識體。
- 具備高層次的洞見能力，才能稱得上有大格局。
- 唯有意識體的開展跟提升，才有機會去改變格局，意識體的本質就是創新變革及突破。

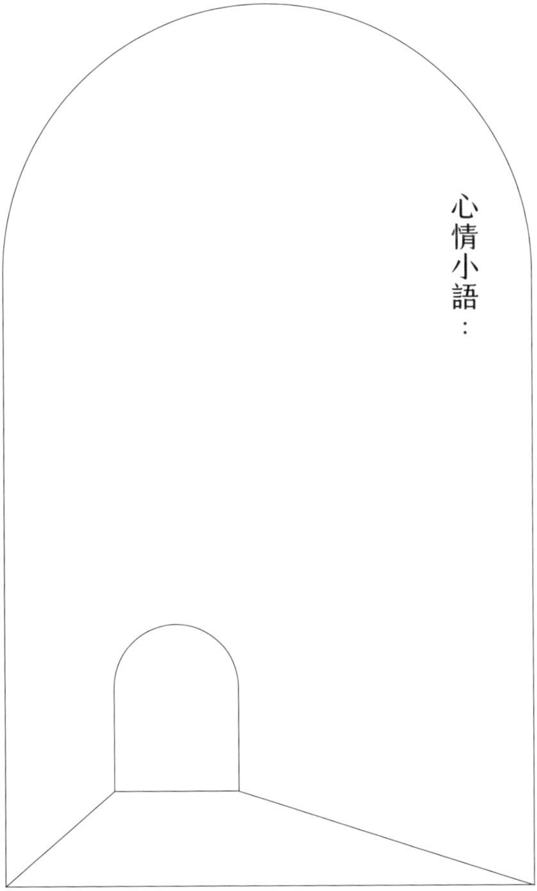

心情小語：

Chapter 17

意識之翼：突破角色束縛的力量

對生命有更深的洞察，對周遭有更涵融的理解與接納，能在平凡的生活中有更多的體悟，將個人的目標與更大的群體目標相結合，是源能量所倡導的意識體的修煉。

✦ 意識體的特性／突破與變革的核心本質

意識體的能量來源相當特殊，與精神體需要的寧靜穩定能量形成鮮明對比。意識體渴望的是充滿活力的能量，它需要透過刺激來獲取。正如前述，意識體本質上代表著創新、變革和突破，因此它需要的是激發式的能量。生活中最常見的刺激來源是思想的碰撞。碰撞產生火花，最為熟悉的表現方式是爭論，因為每個人的觀點各有不同。有時過於激烈的爭論甚至可能演變成衝突。然而，正是在這樣的過程，意識體被揉搓而有彈性，而更靈活，這是意識體進化的核心要件。

然而，同時這也是最困難的一點。在他人以批評、壓迫性的建議或指令對待我們時，我們往往難以立即覺察到自己意識的邊界受到撞擊，無法抓住這個突破意識框架的契機。相反的，我們往往會立即引發情緒體和精神體的反應，感到憤怒或被侵犯。對於自信心不足的人來說，更是一個災難。可能會感到自己被否定，被難過和自卑淹沒。因此，當我們被這些負面情緒能量籠罩時，本應是意識體吸收能量並擴展的機會，反而因為情緒體和精神體的干擾，讓我們無法看清事實，陷入了是否反擊或自我憐憫的選擇中。因此，要獲取意識體所需的能量，我們需要了解生活中可能出現的機會。以下，我們將分別探討順勢和逆勢兩個方面。

✦ 開展意識體／順勢融入新知與觀點

在意識的延伸與提升中，我們能夠透過一些有秩序的方法，將自己的意識體注入新的能量，實現更高層次的覺知。讓我們能自在地擴展意識。這種方式不是單純的知識輸入，而是一種心靈的溝通與共鳴。在這個過程中，我們需要擁有一種主動的學習態度，將自己的心靈敞開，順勢地接收新的知識和觀點。

在順勢的場景中，我們透過書籍、課程，以及高意識的人來擴展我們的意識體。這些選擇通常源自主動的決定，伴隨著學習和尋求指導的心態。然而，這裡的關鍵不僅在於態度，更在於內容的吸收。不論來源是書籍、課程，或者他人的分享，最重要的是，當這些內容進入你的內心時，你的感受如何？若你感到思緒豁然開朗，內心明亮，之前的信念雖然存在，卻不再束縛你，並感受到心靈的寬廣，許多矛盾與對立也隨之減弱，那麼恭喜，這種情況顯示你的意識體正得到了符合自身需求的能量，因此它得以舒展、擴展。眼前的生活雖然未有大幅的改變，但已不會再一味陷於消耗能量的困局之中。

反之，若在學習後，我們感受到沉重的負擔，需要耗費極大的努力去理解，此時關鍵的判斷點就在於，我們是否能在與新知識之間找到融入感。我們或許學習到新的觀點，雖然內心得到了充實，但卻無法將其融入自己的生活中，或者我們感覺這個知識無法實踐，覺得這些新知與我個人的生活現況不合拍，無法實際執行。在這樣的情況下，你所獲得的可能並非高頻率的意識能量，而只是新的精神體知識。

或許，我們所學習的內容並不適合我們目前意識體的狀態。這個時候，讓我們停下腳步，放鬆心情。別急著強迫自己去理解或評斷，讓自己先稍事歇息，保持輕鬆的心態。任何新的知識和觀點，若不能給予我們舒適感，如同舊的枝葉自然脫落的感覺，或者讓我們感到興奮，就像是一把火點燃的感覺，那麼不要勉強自己接受它。寧靜等待，讓新的思想和觀點在適合的時機進入你的意識。

✦ 孩子的勇氣／開啟獨立思考之門

在提升我們的意識體時，逆境所帶來的挑戰與碰撞也是一個極具啟發性的通道。儘管這些場景通常充斥爭論和衝突，然而，這種意識的摩擦卻能夠為我們帶來最快速且實際的成長。舉個例子，當一個孩子敢於質疑父母的觀點，不論其正確與否，這代表著他擁有獨立思考的能力，同時也為雙方創造更多的互動和理解。在國外，學習方式時常包括分組討論，這使得孩子們從小就習慣於聆聽不同的意見，並接受同伴的反駁和質疑。在這樣的學習環境中，他們學會了表達自己，嘗試說服對方，即便觀點不被接受，也不會感到自卑或憤怒。這種小組討論在多個學科中廣泛應用，每個人的長處和不足交替顯現，勝敗交錯出現，從而讓人們能夠冷靜、客觀、開放，自信地參與碰撞的意識領域。對比之下，我們的孩子往往因為過於謹慎，害怕想錯或說錯，因此在尚未確定答案的情況下，通常不敢表達意見。若一旦表達後遭遇反駁或真的錯了，這可能成為一種心理創傷，嚴重損害自信心。因此，在我們的日常生活中能夠讓意識體得到健康滋養的逆境場景真是寥寥可數，又極其珍貴。

✦ 領袖的智慧／接納多樣的意見

將視線轉向成年人的職場經驗，有多少人敢於向老闆提出不同的觀點呢？多數情況下，老闆的話語被視為結論，底下的人聽話照做就是了。正因為這樣的情況使得願意接受各方觀點的領袖倍受尊重。這種領導者不僅能夠容納多樣性的意見，還能夠自由地在不同的意識能量中運轉，這賦予了他們更多應對創新與變革的能力。

✦ 意識體成長／情緒體和精神體的支持

逆勢的滋養方式，不僅能夠讓雙方充分表達自己，讓事情的本質更加明晰，同時能夠擴展思辨的範疇，產生共識，推動事務的進展，同時也促進了彼此的成長，並推動相互的關係往更深層次發展。然而，由於由於多數人的精神體和情緒體失去平衡，常常帶有偏見的投射，使我們難以客觀地看待事情，很難在面對衝突時保持自信不輕易妥協。若情緒體不給力，遇到激烈的語言或不當的措辭，更是會觸發負面情感，導致滋養的機會變成一種互相傷害的局面。令人可惜的是，這樣的混亂場景總是屢見不鮮。因此，我們需要保持情緒體和精神體的健康平衡，將其作為意識體的得力助手，而不是阻撓其成長的拖累。

✦ 拓展智慧／走向意識體的境地

一般人的生命中，身體、情緒體和精神體三者糾結不休，終日忙碌於世間的紛擾，使得平衡三者並互相支援變得困難重重。而能夠有穩定的基礎進階至意識體的，僅有極少數的先行者。我們在社會的薰陶下，重視和諧、尊重師長、恭敬友愛等等，這使我們漸漸習慣回避衝突，甚至害怕它。在長輩和前輩面前挑戰或反駁，常被視為不符禮節。儘管每個人都有意識體，想要使其得以開展，需有先天實力和後天機運雙重配合，所以能進入意識體的修煉的人，成為珍貴的少數。

然而，意識體卻是引領我們走出平庸生活的一個載體。而此刻，人類文明已跨足至意識提升與覺醒的新時代，我們絕不能僵化於過去的桎梏。意識體的展現並非特異獨行，亦非沉浸於天馬行空式的妄想，更不只是別具個性或與眾不同。它實則源於對生命的深度洞察，對周遭世界的廣泛理解和包容，它潛藏於平凡生活中的點滴領悟。是一種昇華後的從容展現、恬靜的舉止中，個人目標與群體目標融為一體，這正是源能量所倡導的意識體高度的修煉

✦ 意識體展現的美好特質

一個健康而強大的意識體，具備數項獨特特質：

1. 深度思考的能力：靜者的智慧

我們首先要探究「思考」這門藝術。現代人生活的節奏很快，時常安靜思考的人逐漸稀少。碎片化的訊息不斷湧現，能夠抽出時間靜心放鬆已很難。更不用說進一步追求思考的深度，這似乎成了一種奢侈。然而，令人唏噓的是，有不少人並不真正明白什麼是思考。他們心中滿是情緒體的自我安慰，或精神體的勵志呼喚，便以為至此已經算思考清楚了，實則不然。深度思考具有數個特點，它首先是持續性的，需要反覆多花時間。其次，它是邏輯性的，能夠經過推演而呈現。最需規避的是，急於得出答案，或焦急地確認答案是否正確。相反，我們應在思考過程中積極挖掘新的觀點，這才是持久深思的精髓。那些常常深度思考的人，擁有沉穩深邃的氣質。以上這些特性皆需要在靜、慢、穩的情境下進行，循循善誘，思考的內涵也將有所不同，此即為「長智慧」。

2. 融匯他人的觀點：智者的胸襟

再者，健康強大的意識體具備融匯他人觀點的能力，並清楚理解其中原由。在面對他人不同的意見時，我們往往受限於主觀立場，難以全心聆聽與領悟。反而，我們急著解釋自己的主張，嘗試說服他人，以免失去面子，好似落於他人之下。當然，他人的觀點未必正確。因此，以中性客觀的心態，理性傾聽是相當重要的。這種平和心態能使我們的意識體處於和諧平穩之中，始終保持清晰、冷靜，擁有高度視野的同時，能夠明確知道為何採納建議，對他人的提問為何感興趣，以及為何選擇拒絕等等。在碰撞融合的過程中，能夠始終保持清晰，冷靜，並且處於高頻的心智狀態，能夠清楚地洞察每一段思路的轉折，分辨其中發生了什麼，這種清晰正是這部分最關鍵的品質。

3. 打破自我信念的境界：賢者的心態

改變行為固然簡單，但除非改變信念，否則改變的行為也難以持久。破除自我信念是一個艱鉅的挑戰。我們經常在生活中聽到或目睹某些人精采的生命經驗，大都描述某人面對重大考驗，幾經挫折磨難，然後因此才明白自己以前犯的錯誤。試問，為什麼多數人只有在經歷磨難後，才能得到啟發？這是因為在順境之際，人們往往過於自信，聽不進建言，以為自己最正確。然而，過度自信恰恰是意識體成長的毒藥。更有智慧的做法是借助他人的教訓，來提升自我，不用每每自己身歷險境。

✦ 意識體失衡的根源與隱患

意識體的失衡主要根源於內心的恐懼，恐懼是一切問題的來源，然而多數人很少深入探究這個成因，反而將由恐懼所衍生而來的抗拒改變、習慣掌控、自我膨脹、自卑膽怯、憤世忌俗、欺凌他人等種種表現，視為個人性格所致，僅將之歸類為帶有負面色彩的人格特質來看待。

有句諺語言簡意賅：「生命的一切要不源於愛，要不源於恐懼。」

以下提供幾個衡量意識體是否失衡的觀察點。

✦ 執著於固有思維模式／奉為教條

有時，我們不自覺地固執於某種思維模式，使其成為我們的教條來信守，導致無法從不同的角度看待事物。我們將自己的道德標準和價值觀強加於他人，甚至在與自己無關的事情上也施加評判。舉個常見的例子，有些婦女身處不幸的婚姻中，卻不斷壓抑自己的痛苦，固守這個牢籠。同時對那些選擇離婚的女性心存輕視。固有思維使她們認為離婚等於失敗和不幸。這位女性不願被貼上失婚婦女的標籤，於是她選擇繼續忍耐。同時，她可能苛刻地對待其他離婚女性，以此來紓解由於固著思維帶來的痛苦。我曾遇到一名年輕女孩，在心理諮詢中坦言她認為自己會成為「壞胚子」，未來可能會做出不道德的行為，如成為第三者或劈腿等等。對一個年僅15歲的少女而言，她竟然對自己的未來設定了偏離自我的認知，令我深感震驚。經過深入交談，我得知她的父母管教相當嚴格。儘管愛美是人類的天性，但每當這位女孩試圖打扮，她的父母便加以譴責，甚至使用語言上的暴力：

「你還是個學生，花枝招展成何體統！」

「目前應該認真讀書，有時間打扮，怎麼不多花時間用功？」

「怎麼生你這麼個虛榮的女兒，長大後是不是就整天勾引男人了？」

「我們家風純樸實，絕不能被你敗壞了。」

這對父母認為自己在教育女兒，要求她樸素無華，認為這是女性應有的美德（固著的思維）。他們為了防止女兒受到奢華的影響，採取了嚴厲的態度。然而，他們未能察覺自己的教導造成的負面影響。這些粗暴的批評言辭，無情地打擊了女兒的自我認同，並讓她認為追求外在美貌是錯誤的。這種情況使我們能夠看到，PUA（Pick-up Artist 精神控制與情感操控）不僅僅局限於男女情感之間，它還存在於其他關係中，比如家長與子女之間、領導者與部下之間，甚至朋友相處之間。

這種教條式的思維模式可能導致眾多挑戰與不良影響。首先，它限制了我們的思考和見解，阻礙了對多樣性的理解和尊重。其次，它可能滋生偏見和歧視，使我們對不同的觀點和人產生不公正的評價。同時，它妨礙了與他人的良好互動，因為我們難以容忍不同的觀點，導致關係的緊張和疏遠。此外，教條思維模式也可能損害我們的自我價值感，使我們產生自卑和內疚情緒。這種僵化的思考方式也會限制我們的創造力和解決問題的能力，使我們無法靈活應對不同的挑戰和情境。

✦ 固著於角色／受困其中

生活中，我們常常以自身所定義的標準來要求各種角色應當的表現，這種僵化的思維常常讓我們深陷其中且感受到痛苦。意識體失衡的人，總是充滿抱怨和評判，似乎世界上很少有人能符合他們的期望。舉例來說，一名女性可能認為「丈夫」這個角色應該要承擔家庭的財政負擔，體貼妻子，保護家庭成員。只有符合這些標準的人才能算是好丈夫，若伴侶無法達到這些期望，就會被持續要求和斥責。而如果對方始終無法達到或不願意達到這些標準，就會被完全否定。這些人首先在心中建立了角色的定義，然後要求自己和他人的表現必須符合這些定義。然而，每個人都擁有獨特的性格和長處短處，無法時時按照既定劇本演出。當現實與期望相差甚遠時，不滿、失望、痛苦便源源不斷湧現。這種固執的認知使人不斷感受到生活中的失望與痛苦，於是不得不借助抱怨和批評來宣洩內心的痛苦。

不要以為自己不會陷入這樣的情境，實際上，我們或多或少都會被各種角色的定義所束縛，甚至有時可能深陷其中無法自拔。

以身為母親為例，她可能認為應該將孩子置於首位。

（若她因事業而無法充分關注孩子的成長，可能被認定為壞母親）。

男性適婚年齡時，可能被期望只能娶女性並順利生子，這種期望背後有著強烈的道德意義。

（男人若不娶妻生子，可能被視為不孝）。

學生被期望要守校規，刻苦讀書，尊重師長。

（成績不好可能被認為沒有前途，品行不佳，可能被貼上社會敗類的標籤）。

當一個警察，就要無懼生死除暴安良

當一個……，就應該要……………………………………

當一個……，就應該要……………………………………

當一個……，就應該要……………………………………

✦ 角色束縛與社會期望

社會為每個角色都設定了一個公認的標準，我們按這些標準評價自己和他人的表現。這在某種程度上維護了社會的秩序和規範，然而，當我們入戲太深，就很容易被困住，感受到痛苦。我們的自我價值似乎被這些標準所界定，無法自由展現自己的本質。然而，我們也要理解，社會框架本身並沒有錯，關鍵在於我們是否能夠保持對自我的認識，避免過度陷入角色的定義中。

當我們陷入角色的枷鎖時，我們會不敢表現自己的獨特性，害怕無法滿足外界的期待。然而，這種恐懼只會加劇我們內在的衝突。社會的集體意識引領個體意識，有時候甚至是集體意識霸凌個人意識。

✦ 突圍的勇氣與改變的力量

因此，只有意識體強大的人才能成為真正的改革者。這些人能夠在集體意識的束縛下突圍而出，保護內在的聲音。歷史上的許多發明者、改革者、創業家、思想家和宗教家，都是意識體強大的人。他們能夠超越社會既有的框架，逐步建立新的思想、新的模式，影響著整個社會群體。

如果意識體的失衡進一步加上情緒體或精神體承載的負面能量過多，就可能產生反社會人格，引發嚴重的問題，不容忽視。當意識體的痛苦達到極限時，可能導致過激行為的出現。精神體的痛苦可能顯示為暴力傾向或自我傷害，甚至可能導致自殺。如果意識體持續感受到痛苦，失去了愛的滋養，可能導致價值觀的扭曲，帶來更加嚴重的破壞，擴及群體。某些極端宗教的狂熱分子、恐怖主義分子，以及具有反社會性格傾向的人，會危及群眾具有毀滅性的危險。

因此，理解意識體的平衡與失衡之間的細微差別，以及如何避免陷入固執的角色定義中，對於個人的成長和社會的和諧都具有重要意義。通過培養強大的意識體，我們能夠更好地保護內在的自我，超越角色定義的枷鎖，並在現實世界中引領新的思想和模式，從而影響整個社會的發展。

本章總覽

- 意識體需要動態式的衝擊，用激發的方式來補充能量。
- 意識體需要有刺激源，在生活中最常看到的是思維的碰撞，這個過程正是意識體被揉搓後變得有彈性因此能延展擴大的核心要件。
- 意識體獲取能量分為順勢及逆勢兩個方面。
- 順勢方面，可以透過書籍、課程、及高意識的人來擴展我們的意識體。這部分通常是出於主動的選擇，所以能夠敞開並順勢的接收新知及觀點。
- 順勢部分的關鍵不在態度而在內容，當內容進入你之後的感受至關重要，如果感受自己變寬廣了，表示意識體得到了適合的能量，若覺得內容有負擔融入感不強，顯示這可能不是高頻率的意識能量，而是另一個不同於自己過往的信念，可能不適合你目前意識體的狀態。
- 逆勢的場景大多在爭論及衝突之中，所以多數人都難接受。但這種意識的碰撞所帶來的滋養是最立竿見影也最實用的。
- 生活中成功的逆勢滋養，能讓雙方充分表達，讓事情的原貌更清晰，能擴大思辨的範圍，進而帶來共識，促進相互關係的發展。
- 意識體是幫助我們脫離庸庸碌碌人生的一個載體，況且人類文明已來到意識提升及覺醒的時代，我們不應該故步自封。

- 對生命有更深的洞察，對周遭有更涵融的理解與接納，能在平凡的生活中有更多的體悟，將個人的目標與更大的群體目標相結合，是源能量所倡導的意識體的修煉。
- 健康強大的意識體特質具有：
1. 具備深度思考的能力。
2. 能融合旁人的見解，並清楚的知道原因。
3. 擁有破除自我信念的能力。
- 意識體失衡的原因主要來自於內在的恐懼，恐懼是源頭，但多數人不會往內在去挖掘這個成因。
- 生命的一切要不源於愛，要不源於恐懼。
- 幾個觀察點來衡量意識體是否失衡：
1. 想法固著在某個舊有的思維模式裡，並成為教條來遵從，無法從另一個角度來看待事物。
2. 對生活中的各種角色，以自己定義的標準來要求，僵化在其中而痛苦。
- 教條式的意識固著，很容易傷害身邊的人，孤立了自己，遠離了愛的頻率。
- 社會先將每個身份安上一個理應成為的標準，然後再用個人的表現依這個標準來分等級，困住、痛苦、沒有勇氣掙脫那个大家都公認的標準，因為集體意識引領個人意識，更多的是集體意識霸凌個人意識。

• 唯有意識體強大的人才能成為真正的改革者，他能在集體意識的綑綁中突圍而出，夠強大才能守護自己內在升起的聲音，才能在現實世界裡逐步形成一個新的思想或新的模式來影響社會群體。

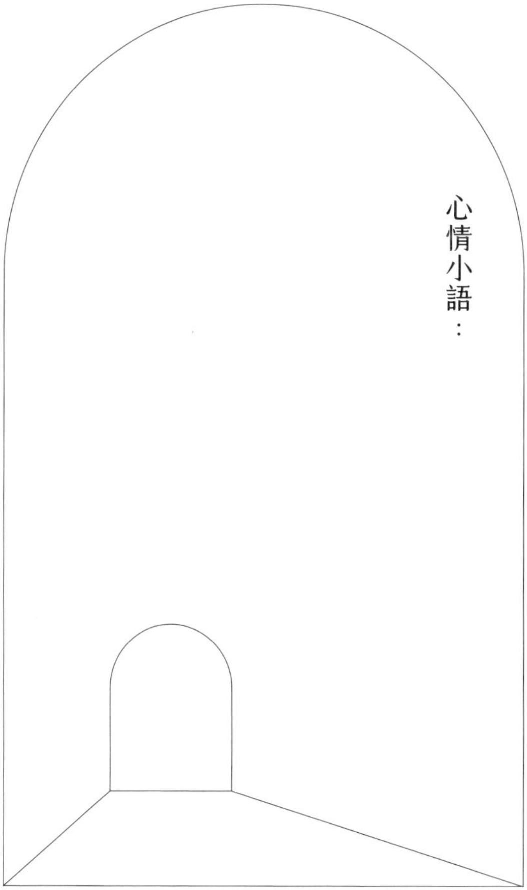
心情小語：

Chapter 18

意識空間的寶藏：靜心與觀照的奧義

意識體在身體、情緒體和精神體三者運作中，保持超然，居於更高的能量頻域。在這個二元對立的三維世界中，為生命提供一個中性的緩衝地帶，一個讓生命能順勢轉彎的彈性銜接，一個在世間法裡運行自如的可能性，也是靈性提升通往開悟的基石。

每個人皆嚮往世界和諧安樂，人人盡己本份，守道奉行，知所進退，父慈子孝，兄友弟恭，社會秩序溫和有序。然而，我們當下所處的世界是如此嗎？意識體的根本功能不在於辨別對錯，它超越是非觀點的限制，不受倫理道德所束縛。意識體在身體、情緒體和精神體三者運作中，保持超然，居於更高的能量頻域。在這個二元對立的三維世界中，為生命提供一個中性的緩衝地帶，一個讓生命能順勢轉彎的彈性銜接，一個在世間法裡運行自如的可能性，也是靈性提升通往開悟的基石。

在此強調說明，意識體並非不分對錯黑白。它的超然存在，是讓我們在面對錯誤時不需要魚死網破，意識體的能量使我們能夠安住在矛盾的情景中，在衝突中保持清晰的思考。它讓我們能夠將排斥與痛恨的事接納進來，然後在寬廣的意識流中，制定應變之策。面對外在，我們去改變可改變的事，調整可調整之處；面對內在，我們適應原不易適應之處，接納原無法接納之事。如此，我們這艘航行在汪洋人生的小船，才不至於時常受到暗礁的摧殘，不需不斷地與冰山對撞。辯論說理是生活的技巧，但絕非生命的智慧。

許多人終其一生，未曾踏入意識體之境，更不曾展開與之對話，亦從未體驗過其應用之奧妙。

✦ 吸引力法則／連結意識體

在前幾年，有幾本備受讀者喜愛的暢銷書，如「命運」、「吸引力法則」、「致富經典秘笈」、「如何吸引財富」等，這些書籍多半涵蓋了吸引力這一主題，而這主題在過去多年一直延續為熱門話題。無論是國內還是國外，不少探索潛能、提升靈性、商業重塑等課程都加入了相關吸引力法則的內容。然而，我們試問，參與過這些課程的人們是否皆如願以償地吸引到他們渴望的事物？是否已實現財富的自由？然而，實際情況顯然並非如此。這引發了一個問題：為什麼多數人無法成功運用吸引力法則？原因何在？

吸引力法則，實際上就是意識體法則，它的應用前提在於需要使意識體得以運行。因為意識體是個人與宇宙創造頻率之間的連結站。我們需讓意識體將我們內心的投射與宇宙創造能量連結起來，然後穩定地持續將這連結轉介至精神體、情緒體和肉體，從而達成目標。

回到本節主題，我們該如何培養意識體？滋養前三體（身體、情緒體、精神體）的資源在日常生活中實屬常見，可以通過外在途徑尋求療癒。然而，意識體的培養需要內在的投入，啟動其成長的鑰匙藏於我們內心。擴大意識的範圍，深化內在，逐步淨化意識流，能激活意識體，使其得以成長茁壯。

✦ 意識空間／靜的力量

在多年受邀演講的過程中，我有幸分享了許多主題，其中有一個特別引人注目，名為「寧靜的力量」。這個主題引發了課後熱烈的迴響。這並非偶然，因為人人皆知靜心的重要性，然而卻鮮少能夠真正做到內心的安寧。此外，多數人可能未曾理解寧靜背後所隱藏的巨大寶藏，所以無法堅持培養靜心的習慣。為何人們常常慣於認為自己難以達成目標？這種惰性除了天性固有以外，大多數人也因為無法理解付出後的好處，或者無法准確評估受益的程度。因此，我們的行動力常常無法持續。再者，多數人深受功利主義的影響，習慣需要根據報酬的多寡來決定是否投入努力。

然而，我們必須首先確定一件事：啟動意識體的關鍵在於「靜」。一旦意識體成功運轉，你的生命將得到昇華與轉變。靜不僅存在於內在，它具有多個層次，有如大海的深度。每下潛五米，景緻便有所不同。靜的品質越穩定越長，意識空間也會越來越擴大。至於達到寧靜的方法，有人可能會問是否必須透過禪坐來實現。我的回答是：任何方式皆可一試！重點在於你清楚自己的目標是進入更深的內在寧靜，其餘都僅僅是輔助的工具。打坐、呼吸法、冥想、音波、瑜珈、光療等等，皆可嘗試，選擇一項適合且能持續的方式，甚或輪流練習，取決於個人性格與習慣。不必強迫自己，也不需逆勢而行，否則可能導致效果適得其反。「鬆、定、靜、自然」是極為重要的口訣心法，只要能逐步達到這樣的狀態，其他外在的形式都不需要限制。

✦ 淨化意識流／觀的智慧

淨化意識流（意識頻率）的方法在於「觀」，換言之，就是「靜靜地看著」，成為旁觀者，無論是看別人還是看自己。在欣賞風景的同時，也同時觀照著自己在欣賞風景。在觀看電視節目的同時，也同時觀照自己正在看電視。使用「靜靜地看著」的方式，就是純粹地觀看，不帶有評斷，不分辨對錯，不做歸納整理，不自問自答。即便有思緒湧現，也只是看著這些思緒。或許此處的內容會讓你感到有些困惑。因為我們的大腦總是在尋找、分辨和解決問題，然而這些過程卻削弱了我們意識體的能量。

✦ 尋求究竟的解決之道／修煉之路

要修煉意識體，除了極少數天生異稟的人之外，大多數人需要遇到一位啟蒙的老師。在修習的過程中，我們需要導師、教練或明師的指導和陪伴。當然，有人可能會認為我是在鼓勵大家拜師修行。首先，我從未倡導過這一點。然而修行對我個人而言是「不修不行」，因為我不想讓生活中的挫折和痛苦淹沒了自己。我渴望以不同的方式來處理，而不僅僅是一昧地抵擋。我選擇的方法不是堅強抵抗到底，因為這種做法只能阻止眼前的痛苦，卻無法長久。我的目標是將困難昇華，或者轉彎繞開它。因此，我選擇了一條終極的道路，我認為修行是優雅並充滿智慧的行為，值得終生堅持。

✦ 修行／融合科學邏輯與生活智慧

修行，是一個在生活中既具有科學性又具有邏輯性的行為，它同時也具有宗教性，但決非僅限於宗教。從字面上解釋，修行意味著對自己的修正和實際行動。讓我們思考一下：

如果我們讀書不好，是否需要進行修正並付諸行動？

如果工作出現問題，是否需要修正並付諸行動？

錢賺不夠，是否需要修正並付諸行動？

感情不順利，是否需要修正並付諸行動？

健康出現問題，是否需要在生活習慣上進行修正並付諸行動？

這些問題都呼喚我們，不管是在哪個方面，都需要進行修正，並在實際生活中付諸行動。因此，我呼籲大家不要排斥修行的可能性，也不要因為已在修行就感覺高人一等。每個人都要為自己的生命負責，不僅考慮來世，更要珍惜當下。儘管來世充滿無限可能，但今生只有一次。讓我們都能在有生之年，努力修正自己的不足，付諸實際行動，實現心中的夢想和目標。願我們都能得到我們應得的幸福與成就，不虛此生！

本章總覽

- 意識體的核心功能不在於分辨正確性，它不侷限在孰是孰非的觀點。
- 意識體在前三體的運作中保持超然，屬於更高的能量頻率，它能在二元對立的三維世界中，提供一個中性的緩衝帶，一個讓生命能順勢轉彎的彈性，一個能在世間法裡任運自如的可能性。
- 意識體的能量提供我們能安住在矛盾的情境裡，能在衝突的關係中保持清晰，先將排斥痛恨的事接納進來，然後在寬廣的意識流裡，制定應變的策略。
- 吸引力法則，就是意識體法則，要使用吸引力法則的前提是意識體需要開展運行起來，因為意識體是個人連結宇宙創化頻率的傳輸站。
- 意識體涵養方式需透過內求，啟動它的鑰匙在內在，往內逐漸擴大自己的意識空間，逐步淨化自己的意識流，那意識體就會被激活並成長茁壯。
- 擴大意識空間的方法在於「靜」，意識體一旦運作成功，你的生命將得到升級及翻轉。
- 靜的品質越穩越深，意識空間就越擴大。
- 寧靜的方法可以多方嘗試，找個自己喜歡並能持續的項目，「鬆、定、靜、自然」是很重要的口訣心法，只要依這樣的狀態逐步深入至於其他外部的形式就不用受侷限了。
- 淨化意識流的方法在於「觀」，用白話文說就是「靜靜的看著」，像個旁觀者，看別人也看自己。

- 靜靜的意思就是我只是看，不要下評判，不要分對錯，不要歸納整理，不要自問自答，腦中如有思緒產生，就把思緒也一起看著。
- 我們的大腦，總是不停歇在尋找在分辨在想辦法，而這些都更加損傷我們意識體的能量。
- 修行，是一個在生活中既具有科學性又具有邏輯性的行為，它同時也具有宗教性，但決非僅限於宗教。

心情小語：

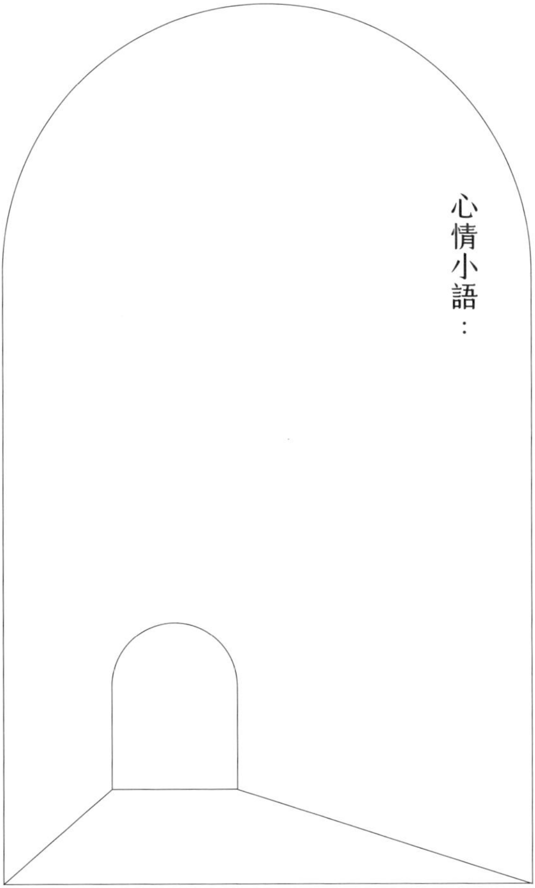

Chapter 19

靈魂深處：從修行到開悟的心靈之旅

成為身心平衡的個體，是踏上靈性提升之路的起點。開悟是靈性狀態的一個形容詞，而這個狀態需要用的是「心」的路徑，而不是靠頭腦來學習記憶分析歸納，必須將理性的思維轉換成能量感知的頻率，才能與靈性體共振共鳴。

當人們聽到「靈性」一詞，自然會聯想到靈魂、神秘力量、玄學、宗教以及神學等領域。這種聯想是自然而然的，因為在人類文明的演進中，祖先和神靈的存在一直在多種民族文化的生活佔據一席之地。

首先，讓我們引用維基百科對靈性的定義：「靈性（英語：spirituality），在學術和宗教上被解釋為個人在各種相處關係中達到平衡的最佳狀態，類似於儒家《易傳》、《中庸》中所說的感通、和諧等身心狀態。」

✦ 靈性／源能量的定義

為何引用維基百科的定義？因為在這裡，源能量所關注的「靈性體」與維基的解釋——「個人在各種相處關係中達到平衡的最佳狀態」——非常相符。源能量所要探討的靈性，起點是「人」這個存在，從我們的內在感受靈性的存在，探索靈性如何影響我們的日常生活，以及如何體現靈性體的特質，使得我們的身心靈能夠達到平衡，與萬物和諧共存。

首先，我們可以簡單地將靈性定義為一種狀態。這種狀態是由不同頻率的能量相互交流、融合、轉化後形成的整體狀態。可以用數學問題來類比這個過程更清晰。不同的能量交流、融合、轉化，就像是數學中不同數字通過各種運算相互影響，無論運算過程是簡單的加減乘除，還是複雜的函數和微積分，最終得到的答案就是靈性狀態的體現。

透過前面的數學類比，我們可以得出幾個關鍵點：

✦ 靈性的變動狀態

・靈性是結果

靈性的狀態是前四體（身體、情緒體、精神體、意識體）交相運作後的結果。在源能量理論的觀點中，這四個體的變化最終匯聚成靈性體的狀態。然而，這個靈性狀態是變動性的，任何一個體的變化都會影響靈性的狀態，同樣，靈性體的狀態也會倒回來影響前四個體。

・靈性的能量影響

靈性體的能量越高，其他層面的表現也會受到影響。高能量的靈性體使得身體更敏感，能夠清晰感知能量的流動。情緒體更容易調整，並且不易被負面情緒主導，能維持自我覺察。精神體能夠保持明晰，應對事物不急不燥。意識體則保持超然，具有更多彈性，能夠更容易地適應新的情況。

・負面循環的影響

相反地，整體靈性品質較差的個人，其前四體也容易產生問題。低能量或封閉的靈性體無法與宇宙中的愛和療癒頻率共振，無法獲取自然界的能量，同時也難以自我補充。這將進一步加重前四體的問題，如身體失去自我調節能力、情緒失控、精神萎靡或躁鬱，意識體失去連接。如此形成惡性循環。

・靈性與身心的互動

靈性的整體狀態由前四體的特性和品質構成，同時，靈性狀態也會影響前四體往後的變化。這種雙向的互動關係使得靈性與身心的平衡成為一個不斷交互影響和轉化的過程。

✦ 著眼過程而非結果

・引用數學演算的觀點

以數學題為例，我們能夠更深入理解，將重點放在演算過程而非答案上。在數學題的解答過程中，我們注重的是我們是否能夠正確地演算，我們是否真正理解公式和運算法則。當我們成功解算後，答案自然呈現出來。然而，這裡要強調的是，數學題的答案注重邏輯性和正確性，而靈性體的狀態則與正確與否無關。

・靈性提升的方向

靈性的提升並不是從靈性本身著手，而是從前四體（身體、情緒體、精神體、意識體）入手。當我們想要提升靈性體時，首要關注的是這些體的狀態。靈性的品質與這些體的相互關聯密切，這是整個系統中的關鍵。

・因果關聯的觀察

試問：若沒有演算，我們怎麼得出答案？常言「有因才有果」的道理，也在此得到驗證。反過來說，果亦可成為因，證明了五體之間的相互關聯。這種相互關聯性告訴我們，我們的身心健康與靈性的提升息息相關。

・避免逃避與方向錯誤

眼下有些修行人，一心想成道開悟，在靈性上下足功夫，成天沈浸於靈魂、宇宙、虛空、神佛等等這些形而上的東西，反而將自己生活中需要先解決的問題排到後面，以為只要求得靈性提升，這些問題就會隨之而解。以一個實際例子來說明。我曾認識一位同修夥伴，他多年來在修行上投入許多時間，但在工作和經濟方面並未有明顯改善。這位同修最初就是因為沒有專業的技能，才從事市場推廣，產品銷售服務的工作。這類工作底薪不高，收入來源主要仰賴佣金，此人性格內向，不擅長處理人際關係，加上抗壓力差，故而時常轉換工作。然而這十多年來，卻從不間斷地求道修行，參加多個靈修團體，也換了好幾位師父。我好奇他為什麼不去學技能或考證照，如長照看護之類的。他的回答是業力未消，做什麼都無用。只有開悟可以解脫苦難。他選擇躲進靈修的領域，刻意忽略生活中需要解決的現實問題。沉迷於追求開悟，不願意費心在專業技能的培養，以致工作無法穩定，經濟困頓。他對於生活中的挑戰抱持逃避免的心態，認為只要靈性提升，問題會迎刃而解。這個例子表明，有些人因遭遇困境而進入靈修的領域，然而卻逐漸沉浸在這個舒適圈，以為修行能解脫一切。然而，核心問題是逃避現實，將努力的方向放錯。這樣的修行無法帶來真正的轉變，而只會虛度時光。

✦ 靈性提升的層次如數學題的進階

・靈性與數學的比較

我們可以將靈性的提升進化，類比於解數學題的過程。就像小學、國中、高中的數學難度不同，靈性的進階層次也有所差異。就如同數學，建立在堅實基礎上才能進行更複雜的運算，靈性修煉也需要從基礎開始。

・靈性的基礎源於身心平衡

許多人以為靈性的成長來自於讀經、拜佛、捐獻、追隨高僧、參加法會禮拜等，這些確實對心態和修行有所助益，但不能忽略作為「人」的本質和本分。在追求靈性提升之前，我們應首先成為一個身心平衡的人，這才是靈性進化的基石。

・從源能量觀點看靈性修煉

從源能量的觀點來看，靈性修煉模式從個人的身體、情緒和精神三個方面開始。我們需要強化三角錐底部的平衡，這便已足夠承擔人生大部分的挑戰了。所以了解並珍惜自己的身體，調和情緒，強化精神力，接著再涵養意識體，這些都是靈性開展的基礎與重要步驟。

✦ 尋求真理的學生

曾經有一位學生問我：如何能夠達到開悟的境界呢？

這樣的問題在修行追尋者中是相當常見的，因為他們渴望達到一個更高的層次。

我以提問作為回答：**你如何定義開悟？以及你為何想要達到這個境界？**

這是一個重要的主題，我相信許多追求靈性的朋友會時常思考這個答案。這位學生深刻而真誠地回答我說：「開悟對我來說，意味著能夠超越一切，與神佛溝通。因為在修行的過程中，我認為應該要有成果，而設定目標是做任何事情的基本。」看著他誠懇的眼神，我為他的誠實而感動，但我也對他的認知感到憂心。

✦ 一次不同尋常的提問

我至今仍然清晰地記得一個場景，那是在我的啟蒙導師主持的一個課程中。每位學員都會得到一位助教的指導，形成一對一的陪伴式練習，這樣的方式讓兩人能互相對照，並在課後輪流跟導師分享自己的發現和心得。導師會給予針對個別問題的指導和建議。當我們的小組輪到去與導師互動時，他問我們：「在這幾天的課程中，你們最想要的是什麼？」

我回答說：「我不確定。」

並非我故意這麼回答，而是我真的感到迷惘。在這幾天的課程中，我曾經以為自己追求金錢等外在目標，但這些想法已經被推翻。我並不是認為這樣的答案平淡無奇，而是我覺得它不再是我真正的渴望。然而，我當時無法確定我到底真正想要什麼。導師聽後微笑著，然後目光轉向我們的助教（我們尊稱他們為師兄，因為他們跟隨導師已經很長時間）

導師問他：「你呢？你最渴望什麼？」

師兄嚴肅地回答說：「我只想要開悟，其他的我都不在乎。」

這一刻，我感到震撼，我內心那個在俗世裡起伏不定的小心臟真的感到敬佩！師兄的道心是如此堅定，我不由得感嘆，靈性這條路我還有很長的路要走，我真的差師兄太多了！當時，我僅僅從文字的表面意義來理解「開悟」這兩個詞，我知道它肯定是一個極其深奧的境界，但當時我對於這兩個詞的真正內涵毫無頭緒。我好奇地等待著導師的回答，我想知道他會怎麼回應。導師的臉色變得凝重，

他說：「這只是你頭腦中的答案！你修行這麼長時間了，卻不知道你在追求什麼！」

我聽到這話後更加困惑！

我心想：「嗯……答案本來就要用頭腦想，不然用什麼想？如果不是頭腦的答案，那又會是什麼呢？」

從那時起，我栽進了一場摧毀思維、破除頭腦的修行之旅，我在這個主題中經歷了重重考驗，這真是一段難以言喻的旅程呀！

開悟的真義

回到主題，從字面上解釋，「開悟」意味著「開始覺悟」。當我們專注於體悟世界萬物的本質，去洞察真理在背後的運作法則，我們才開始踏上靈性修行的征程。近年來，「開悟起修」這個說法被許多人提倡，我個人非常認同，認為這是回歸初心正本清源的正道。

有人認為開悟是終點，有人認為開悟是起點，我認為不需要爭論，畢竟各派各流都有自己的詮釋。在這裡，我們不需界定開悟的確切意義，只需要明白它是一種描述靈性狀態的詞語。而達到這種狀態，需要借助「心」的途徑，而不是僅僅依靠頭腦的學習、記憶、分析和歸納。我們必須將理性思維轉化為能量感知的頻率，才能與靈性實相產生共鳴

本章總覽

- 源能量要闡述的靈性，出發點是從「人」這個載體出發，從自己的內在去感受靈性的存在，去探討靈性與我們日常生活的關聯，以及如何展現靈性體的特質，好讓我們的身心靈能平衡並與萬物達到和諧共存的狀態。
- 靈性是一種狀態，這個狀態是經由幾個不同頻率的能量相互消長、結合、演變後的整體狀態。
- 靈性的狀態是一個結果，但重點是這個狀態是變動性的，也就是以上四體的任何一體有變化，

靈性的狀態也就跟著改變。

- 我們應該將重點放在演算的過程而非算完的答案，重點是，當我們想要提升靈性體時，不是在靈性本身下手，而是應該在前四體下手。
- 靈性的提升進化就如同數學題從簡單到複雜，靈性的修煉要從基礎開始，先成為一個身心平衡的人，才是靈性提升的基礎。
- 源能量倡導的靈性修煉模式是從自身的身體、情緒、精神三者開始，首先讓這三者平衡運作，之後涵養意識體，這才是靈性修練的基本功。
- 開悟是靈性狀態的一個形容詞，而這個狀態需要用的是「心」的路徑，而不是靠頭腦來學習記憶分析歸納，必須將理性的思維轉換成能量感知的頻率，才能與靈性體共振共鳴。

Chapter 20

拾級而上：感恩的力量重塑靈性的連結

源能量理論就像一本「人類」使用說明書。許多人終其一生，僅使用了極少數功能，有如一部最高階的智能手機，我們也只是使用了手機百分之二十的功能而已。

帶著高等的意識頻率來覺察周遭，使我們的靈性體保持清淨。靈性體無法在生活中單獨展現，它是一種綜合的能量狀態。或許你會問，某些靈媒能夠預知未來，看到過世的親人，這是不是靈性體的作用？確實有些人的靈性體天生活躍，也有人通過特定的修練法門開發神通能力。從古自今的文獻記載，無論是科學或玄學，在現實生活中或宗教信仰，皆有許多的證據及經驗過的人親身證明有一個多數人未知的靈界存在，而我們的靈性體與這個靈界有著密不可分的關係。

✦ 靈性體與靈界

探討靈界不是我們本節的主旨，但我們可以通過一個比喻來理解靈性體與靈界的關係。靈性體猶如小水滴，而靈界則宛如無垠的大海。大海由無數的水滴組成，沒有這些水滴的匯聚，大海將無法存在。當水滴融入大海，它即成為大海的一部分，無法分割，同時受到整體海洋環境的影響。海面上的水滴有的蒸發後成為水氣，凝結成雲，有的水滴滾動沈入到深海，它們的經歷與感受各不相同，但都在自然法則的運行中開展各自不同的旅程。

✦ 個體與整體的交互作用

這個比喻說明了整體（大海）與個體（小水滴）之間的相互關聯。這些小水滴各自有著不同的命運、經歷和旅程，它們在自然法則的運行下，聚合離散，不斷交流影響著彼此。就像海面上的水滴有的在陽光蒸發下凝聚成雲，有的在浪濤中沈浮，就如靈性體在這個世界中有著多樣的體驗。

這種連結使我們的靈性體成為整個宇宙生命網絡的一部分，與每個存在都緊密相關。我們的靈性體與靈界之間的相依相存，提醒著我們，在我們的生命旅程中，每一個獨特的體驗都將成為我們靈魂的財富，無論這些體驗如何影響我們，都是我們進一步覺醒的機會。

✦ 複雜多元的能量交織

請讀者們發揮想像，融入上節所提的比喻，以更深的感受來體會靈性體與靈界相互依存的關係。然而，僅僅了解自己就像是一滴小水滴，並不能減少生活中的種種難題。因為人的構成並不像水滴那樣只是液體，我們的存在涵蓋了固體、液體和氣體三種狀態。我們擁有骨骼、五臟六腑，身體裡有大量的水在循環，生命的運行也離不開氣體。相比之下，我們的存在更為多元複雜，比起水滴，我們的範圍更廣，複雜程度更高。

由於我們有著身體，因此每個人都是獨特的個體；由於我們有情感，我們能夠通過情感的表達，突破身體的限制，讓內心的情感得以流動；由於我們有精神，我們可以理解這個複雜的世界；由於我們有意識，我們能夠覺知到自己與萬物的聯繫；而最終，由於我們有靈性，我們能回歸靈界源頭。

✦ 人類／不可思議的物種

此處，我們不禁讚嘆，人類真是造物主巧妙的傑作！人類這個物種，其細緻與複雜性遠超出我們大腦所能理解。

然而，人體的組成如此複雜，我們並不了解其操作規則，因此在使用不同功能時，經常出現相互干擾，偶爾甚至出現短路或故障。這些現象在我們的日常生活中表現出來，總是充滿了矛盾。我們常常猶豫不決，作出錯誤的選擇，反應過度或不足，有時覺得人生無趣，有時又熱情得覺得自己有力量拯救世界。這些矛盾衝突的例子只是冰山一角，總之，這些都是因為我們的五體各自需求不同。當這些層面無法協調時，這些現象是再自然不過了。因此，請放過自己！請原諒自己！過去的錯誤、不當的表現、未能把握的機會，都是因為我們尚未意識到自己的複雜性。就像誰也無法不經過訓練就駕馭一部能從汽車變成噴射機，再變成火箭的超級變形金剛一樣！所以，矛盾和痛苦從我們成為人的那一刻起，便如影隨形，但這並不是因為你不夠努力，不夠好！

✦ 源能量／人類說明書

我經常戲稱源能量理論，就像一本「人類」使用說明書。許多人終其一生，僅使用了極少數功能，有如一部最高階的智能手機，我們嘲笑非洲土著見到手機，只把它當成一面鏡子。然而反觀自己，其實是五十步笑百步，實際上我們也只是使用了手機百分之二十的功能而已。因此，我呼籲大家重新認識自己，通過認識自己，我們就能解決生活中的大部分問題。

✦ 連結／靈性體的特性

靈性體的特性可以被理解為一種連結，連接著身體與心靈。這個概念經由NGH催眠講師班的首席導師，陳一德老師精闢且深刻來闡釋。他以「連結」作為靈性的詮釋，認為身與心之間的連結即是靈性。以此類推，靈性也是內與外、有與無、實與虛的連結。

在課堂上，陳一德老師透過生動的比喻向我們解釋了靈性的重要性。他在白板上畫了一塊塊的磚頭，每個磚頭代表一個層面，如財富、健康、名望、成就、價值、子女、婚姻、家庭、事業等。然後，他換用紅色筆，將磚頭與磚頭之間的空隙填滿。他解釋道：靈性即是這些磚頭間的水泥，如果缺乏靈性的連接，堆疊的磚頭就會不穩固，一個推動，牆便會倒塌。同樣地，若磚頭之間缺乏連接，便無法形成堅固完整的一面牆，這意味著若無靈性體的幫忙，實現圓滿人生變得極其困難。

✦ 重新認識靈性的價值

這番解釋令我回想起很多人，包括年輕時的自己，總在不停地找磚頭搬磚頭，試圖堆得又寬又高。人們總想著在年輕時奮力拼搏，年老時才有安定富足的退休生活，所以無法排出時間來靈性修煉、靜觀求道，就算感興趣也得等到有錢、有閒、甚至退休後。回憶至此，我不禁自嘲一笑，人生歲月中，被沒有堆疊好的磚頭砸傷自己的腳，這樣的場景記憶在我腦海中不斷浮現。這讓我理解，修行開展靈性，不是喜不喜歡有沒有興趣的問題，而是不修不行。

感恩與靈性的關聯

在我的人生旅途中，遇逢每一個轉折，我都能幸運地遇到滋養我、啟發我的老師。從啟蒙我的上師古魯、亦師亦友的曾耀曾老師、陳一德老師、始終陪伴鼓勵教化我的母親，以及許多以不同的身份角色，不同的形式來給我助緣的人，每每回想起這些穿梭在我生命中的人，我的內心十分感謝，因為帶著對一切感恩的心，讓我這顆小水滴，始終能感受到大海的能量，能與大海中其他的水滴同行同樂，不管在地球的哪個角落，內心從來不孤單。在此，我要提醒大家，感恩不僅是受恩者得益，其實感恩的人才是最大的受益者。如果靈性是水泥，那麼感恩就是和泥的水，保持感恩之心，使我們的靈性得以發揮最大的作用。

本章總覽

- **帶著高等的意識去覺察，讓我們的靈性體處在清淨的狀態，靈性體無法在生活中單獨展現，它屬於一種綜合的能量狀態。**

- 我們的靈性體與靈界有著密不可分的關係。靈性體猶如小水滴，而靈界就猶如一望無際的大海，大海由無數的水滴構成，沒有無數水滴的聚合，就不會有大海的存在。
- 無法計量的小水滴們，並非命運完全相同，水滴們各有不同的旅程，不同的經歷，整體（大海）與個體（小水滴）在整個自然法則的運作下聚合離散。
- 人這個載體的精密及複雜的程度遠遠超過大腦對自己的認識，我們不清楚操作規則，所以使用時各種功能相互干擾，且會偶爾短路故障都是難以避免的。
- 源能量的理論，如同一本「人類」使用說明書，重新認識自己，搞定自己，就搞定生活中大部分的事情。
- 將靈性作為「連結」來解釋，靈性連結內與外，有與無，實與虛。
- 真相是感恩的人才是最大的受益者。靈性若是水泥，感恩就是和泥時需要滲入的水，常保感恩的心讓我們的靈性體發揮最大的作用。

Chapter 21

動力與心念：靈性提升的兩大力量

在外界保持不變的情況下，只要我們的心念經歷了轉變，整個局勢就會因此而改變。自然界的物理法則，總是以深刻的方式揭示著宇宙真理。

✦ 動力愈大速度愈快

尋求靈性的提升，確實需要極大的動力，就像俗話說的，「窮算命，富燒香」，這代表著窮人仍在問題中苦苦尋找答案，而富人則早已跨越困難，祈求神明的庇佑祈福積德了。許多人的靈性提升動力源於苦難，當世間的方法無法解決問題時，才會轉而向出世間宗教性的途徑來尋求無形的力量。因此有一句格言如是說：「當你四面八方都找不到出路，那就是上天要請你往上走了。」無論靈性提升的動力源自苦難或是內心的呼喚，都應珍視這股微弱的火苗，並在生活中不斷燃點它。當你的靈性得到滋養，那種源自內心的寧靜喜悅是任何外在快樂都難以比擬的。

✦ 負重愈大速度愈緩

關於承受重負對速度的影響，這個觀點在我看來更甚於動力強弱。動力不是單單靠個人的一廂情願而能夠升級引擎加大馬力的，它需要「機緣」的幫助。然而，許多人往往無法正確理解這些困境其實是上天賦予的晉階機會。這些機緣常常以困難、挫敗、痛苦、無常的形式出現，容易讓我們陷入絕望，埋怨命運。我們會抱怨，已經修行很久，付出許多善行善心，努力地抵銷了業障，卻仍然面臨難以接受的逆境。這時，我們會感到挫折，覺得再也沒有修行的必要，怪罪上師法力不足，怪責廟宇的神祇不靈驗，總之，將過錯歸咎於天地間的一切，怨天怨地。

✦ 靈性的深刻轉變

我同樣也曾經歷過巨大的困境，身處陌生的城市，不僅身無所依，最痛苦的是，內心的靈魂失去了前進的方向。在那個時候，我對修行心生痛恨，為何要在這世間已經有很多痛苦的情況下，還要再去修行，導致還要多承受來自靈魂的苦。

在幾個黑暗的夜晚，內心對著佛菩薩，默默祈求。試問菩薩，在這廣大的世界芸芸眾生中，您是否能看見我，我在這裡，請賜予我力量。當時的我，如同一名盲人，回想著修行的開端，我的師父鼓勵我，穿越未知，每一步都因為有師父的引導，讓我對未知的恐懼減輕了許多。然而，當我習慣依賴師父，準備邁向更遙遠的靈性之路時，我發現師父已不在我身邊。我孤獨地停留在陌生無垠的心靈領域。內心湧現無盡的埋怨。我反問自己，為何當初要追隨師父修行、為何要跨出舒適的生活，踏入這個充滿靈性探索的未知旅程、為何要讓自己的靈魂飄蕩在這無邊的虛空中迷失方向。正因為我曾經經歷過天人交戰、深陷無望的時刻，我才能在熬過這段苦痛之後，見證了自己的轉變，也才能夠誠摯地分享關於「動力升級」的真實經驗。

✦ 信仰與陪伴 沙灘上的足跡

在我高中時，我有幸遇到了一位特別有內涵且充滿愛的國文老師，她的名字叫侯育平。她常常講一些深刻的故事，其中有一個故事在我之後的人生旅程中回蕩不止，時常無聲息地撫慰著我的心靈。

她說：曾經有一個人向上帝怒吼。

他說：「我是你虔誠的信徒，為何在我最痛苦無助的時候，你卻離開了我？」

上帝輕聲回應：「我並沒有離開你！我一直陪在你身旁！」

這個人繼續埋怨：「你在撒謊，看看沙灘上的足跡，起初有兩雙腳印，然後只剩下一雙，而那段只剩下一雙腳印的路，正是我最痛苦的時刻，你怎麼能夠離開我，讓我孤獨地走？」

這時，上帝帶著微笑，目光充滿溫暖，說道：「孩子，仔細看，那只剩下一雙的腳印，是我的。」

那人困惑地問：「那我的腳印呢？我為什麼不見了？」

上帝含笑回答：「孩子，那時我將你抱在我的懷中。」

這個故事陪伴我度過無數次的迷茫時刻。每當我在困境中感到無助時，我閉上雙眼，感受著無盡的慈悲愛力將我擁抱圍繞，我始終相信，宇宙的愛從未離開，永遠支持守護著我。

在靈性的成長過程中，每次動力升級的階段，總會經歷一次劫難，每提升一階馬力就等於歷一次劫。許多人以為只要許下偉大的願望，就能快速得到超凡的力量，縮短修行的時間，立即獲得成就。這些年來，有好幾位學生告訴我，他們想要跟隨我修行，我問他們為何追求修行，回答卻各有不同：有人說他們想要行菩薩道，有人說他們渴望開悟，有人則表示想要普渡眾生⋯⋯。每當聽到這樣的答案，我不禁捏把冷汗，發這麼大的願，動力升級的機緣即刻就來，真是怕小兒們承受不住呀！

✦ 減負的簡單之道

若說增加動力需要外緣的聚合，那麼減負則相對簡單多了。我們擁有意識體，隨時以自己的意願來減輕生理和心理的重擔，這操之在自己的掌握之中。透過我們的意識體，我們能幫助自己減輕負擔，深入細節地覺察生活中的點滴，「觀照」和「覺察」即是減負的第一步。我們應時刻提醒自己不要入戲太深，將情緒體中粘膩沈重的情感用更高頻率的意識來轉化。同樣地，將精神體中的執念和防禦性用更超然的意識觀點來擴展。這個轉化和擴展的過程，便是佛法所說的「放下」。生活無處不道場，修行不是在嘴裡、廟裡，不是在禮佛時、閉關時，而是在紅塵中行走，感受人間歲月，能隨時轉身，心無沾染，清淨自在。能守住自己的初心本真，縱然我們不能做得很到位，但只要不斷嘗試去做，那就是已經走在道上了。修行之道無處不在，修行的路途並無終點，因此不需要急著趕路，因為在這條無盡的道路上，終點的概念並不存在。切記，不要心浮氣躁，誤以為道路終點處有著「開悟」、「解脫」或「成仙成佛」的招牌在等著我們，切莫有這些期待，因為這些觀念都是錯誤的，它們只是道路上的風景，雖然美麗，但卻只是靈魂旅程的一部分，而非我們所追求的目的地。因此，我們應該專注於堅持，無論前行之速度快或慢，堅持是最重要的。即便速度稍有減緩，我們亦可停下腳步休息，但不可偏離修行的正道。

✦ 減負關鍵

此外，關於減負的主題，需要進一步補充，減輕負擔不宜輕率行事，也不能任性妄為。生活中有許多不可推卻的義務和責任，我們必須勇於承擔，為了自我證明，我們需不斷接受考驗，所以在總是滿地雞毛的現實裡，我們不能率性地想減就減，我們更應該尊敬身邊負重前行的人，在這一點上，要注意三個關鍵：

首先，我們必須接納當下自身負重的現實。勇敢地承擔是唯一的道路，抱怨和自憐只會削弱我們的力量。要記住，很多角色都是我們自己選擇的，所以應歡喜做甘願受。

其次，當該放下的時候，就完全放下吧。孩子成年了，當父母的仍不斷擔憂；感情結束了，仍時常窺探對方；卸下職務了，仍不斷指導公司發展；退休了，仍在媒體放話……，這些情景處處可見。為何難以放手？因為放手時，必然伴隨著失落感。失落那種被需要的感覺，失落展現自己價值的舞台，然而，請記住，不要被這種失落糾纏，而是趁此機會，善待自己，找回能量，關愛自己。

最後，不要逼迫自己，逼迫只會事倍功半，甚至適得其反。如果心中無法放下，不要逼迫自己。只需觀察自己的內心，認清哪些事仍難以放手難以釋懷。要對自己保持絕對誠實，只要持續關注，覺知自己的真實狀態，無需刻意做多餘的努力，時光流逝，自然就能雲淡風輕。

✦ 假裝沒事不會讓情況變好

心念放下優於形式放下。心中的釋懷，超越了表面上的釋懷。

有一個耳熟能詳的故事：曾經，一位老和尚和他的弟子小和尚需要渡過一條湍急的河流。就在河邊，遇見了一位年輕美麗的女子，她因為河水湍急而無法過河。老和尚毫不猶豫，自願將女子背起過了河。渡河後，女子向老和尚行禮以示感謝，然後各自分道揚鑣。走了一段路後，小和尚終於忍不住打破沉默問：

「師父，我們是出家人，男女授受不親，您怎能背一個女子呢？」

老和尚笑容滿面地回答：「我已經將那位女子放下，你怎麼還背著她呢？」

這故事深富哲理，直指心念，希望讀者能多次思考，品其深意。

另一個故事發生在我母親身上，是一個真實的經歷。多年前，她前往寺廟參拜，遇見了一位居士。在與居士的交談中，我母親表達了自己多年來的心情。她從結婚後開始，肩負長嫂的責任，並且照顧著孩子的成長。她感到心力交瘁，問居士道：「**不知道這輩子欠的債，要到哪天才能還完？**」

居士回答：「**你說還完就還完了。現在就說自己這輩子欠人的債都已還清，不用還等哪天，就是現在！**」。

這個故事，我曾多次聽母親講述。從那一天起，她的心境發生了改變。她仍然面對著相同的家庭責任，她依然是長嫂，依然得照顧養育三個孩子，但她擁有了選擇的勇氣，能有力量拒絕那些她不想做的事情。她不再以受虐的心態來概括承擔一切，也不再用還債的苦行觀念來束縛自己。外在環境並未改變，但她的內心轉變了，從而一切也改變了。這的確證明了萬物唯心照的道理。

我曾在三十多歲時寫下一段話：「人生如果還有的話，只剩下靈性提升而已。」我並不清楚當時的我何來這樣的感悟，但我一直相信靈性的成長會不斷延續，靈魂的流轉永不止息，正如心經所說：「不生不滅，不垢不淨，不增不減。」雖然二十多年已逝，但我的信念從未改變。

本章總覽

- 不管靈性提升的動機是來自於苦難還是來自靈魂的招喚，請珍惜這個小小的火苗，因為當你的靈性得到滋養時，那種從心裡漫開的安定喜悅是所有快樂都比不上的。
- 我們能出於自己的意願隨時去減輕生理及心理的負擔，這部分操之在己。
- 用意識體去幫我們減負，深入覺察生活中的點點滴滴，覺察、觀照即是減負的第一步。
- 隨時提醒自己不要入戲太深，將情緒體裡黏膩的情緒、情感，用高等的頻率來轉化，將精神體裡的執念、防禦性，用更超然的意識觀來擴展。轉化、擴展，即是「放下」。
- 靈性提升要把重點放在堅持，速度可以放慢，可以休息喘口氣，但不要偏離。
- 減負的三個要點：
  1. 接納我們此刻負重的事實。
  2. 該放下的時候，就完全的放下吧。
  3. 不要逼自己，不但無效還適得其反。
- 心念的放下，甚於形式的放下百倍。

第一講 — 愛自己從感恩跟珍惜每一個心跳開始

用感恩來澆灌心田，讓心成為美好的震源，向外擴散愛的高頻震波，身體的每一個細胞成為最大的收益者，才是愛自己最重要及最正確的工作。

生活中有些東西，被我們當成理所當然，但卻常常被忽略，然而那些東西卻可能是支撐我們生命的重要元素，就像空氣、水、以及心跳。你可以試著用雙手感受一下你的心跳，這不僅是生命的根本，也是最重要的支撐。想像一下，當初你還是一個胚胎，躺在媽媽的子宮裡，雖然形體未成，但你的脈搏聲卻早已能夠被察覺，那就是所謂的胎音，也就是心跳的聲音。這股最先來自源能量的動能，首次注入你的生命體內，那一刻，新生命的到來，人們為此而感動造物主的奧妙。可是後來，這種心跳的節奏就被我們視為理所當然，逐漸地融入生活的瑣事之中。

就在不久前，一個相當成功的大企業家突然因心臟衰竭離開了這個世界，讓人感到震驚和惋惜。

這到底怎麼回事？他怎麼會突然就這樣猝死了呢？一個對社會有如此大貢獻的人，怎麼就這麼突然地離開呢？

人活著時心臟跳動是再正常不過的事情了，當它正常跳動時，我們幾乎不會關心它，我們的注意力都放在外界的事物上。現在問問自己，你曾主動在你的心臟正常跳動時給予它關心和感謝嗎？我猜大多數人都沒有，除非你感受到胸口悶、呼吸急促、心跳加速。現在換個角度想，每一天、每一刻，我們的心臟都在努力地跳動，提供我們生命所需的動力，然而你常常把這股心臟為你工作的力量用來抱怨、沮喪和埋怨。如果心臟有自己的意識，它或許會對你說：「**我跳動得這麼努力，卻被你用來糾結、埋怨，你想要這樣來浪費我的努力嗎？難道我努力跳動的目的是要讓你感到絕望、苦不堪言嗎？那我索性罷工，不再跳動了！**」

這讓人深思，你真的想要把這難得的生命能量用在抱怨和痛苦上嗎？提到愛的時候，我們常常會用一顆心來象徵。可是，就是這個帶著愛的心，你們經常忽略它的存在，只有在它感到難受時，你才會注意到它的存在，比如當你感到傷心、焦慮、痛苦時。但是，當你感到開心和喜悅時，你有想過要感謝它嗎？因為你可能覺得自己能夠快樂是因為自己很棒，因為自己的努力，所以得到了回報；因為你很出色，所以受到讚譽和認可；因為你溫柔體貼，所以贏得了愛情。但是，你有想過背後最重要的支持者是那個不停跳動的心嗎？

珍視一切／愛在每一刻

你聽過很多課程都在鼓勵我們學會愛自己嗎？有人認為，愛自己就是要對自己好點，敢為自己花錢，也敢對讓人討厭的事說NO。但其實這些只是把自己照顧好的表現，還不算是真正的愛自己。

真正愛自己的方式，從珍惜每一個心跳開始。珍惜自己，感激那每一次的心跳，因為它們在每個當下都支持著我們體驗這個世界，讓我們與內心連結。那些外在的東西、別人的評價，只是外在的包裝，要能夠隨意穿脫，做自己就好，笑著面對。

學著愛自己，要從建立正確的觀念開始。首先，把你認為理所當然的事情，重新調整過來，不要視為理所當然。比如說，你身體健全、聰明才智，這些並不是理所當然的；父母的愛護呵護，也絕非理所當然；甚至老公將薪水奉上，也不應該視為理所當然。你要知道，生活中的事物變化多端，有太多可能性，但是如果你把一切都當作理所當然，就很難去感恩，難以珍惜那些小小的幸福。保持一顆柔軟的心，才能更敏銳地察覺幸福，不僅是對自己，也是對他人的愛。

當你重新思考人生，看待周遭的人事物時，別忘了打破既有的思維模式，用新的視角去看待，因為習以為常的事情，往往容易被忽略。所以，讓我們從珍惜每一個心跳開始，心是樹根，感恩就像澆灌樹根的水，用感恩灌溉內心，讓心成為美好的震源，散發出愛的高頻波動，如此一來我們的每個細胞都成了最大的受益者，這才是真正愛自己最重要、最正確的方式。

本章總覽

- 人生中被你視為理所當然的事情，被你時常忽略掉的東西，往往是你生命當中最重要的支撐點。
- 愛自己真正的方式是從珍惜自己的每一個心跳開始。珍愛自己，感恩心跳在每個當下支持我們去經驗這個世界。
- 學習愛自己從建立正確的認知開始。
- 世間的事有著各種可能跟變化，但你一旦將合你心意的，在軌道上走的都視為理所當然，那你便很難升起感謝的心，很難去珍惜生活中的小確幸，心不夠柔軟，不容易感知幸福，便會同時失去愛自己及愛他人的能力。
- 用感恩來澆灌心田，讓心成為美好的震源，向外擴散愛的高頻震波，我們身體的每一個細胞成為最大的收益者，這才是愛自己最重要及最正確的工作。

第二講 — 上帝請你往上走

當你的世界裡，所有的門跟窗戶都被關上了，你覺得你的人生無路可走了，這個時候其實是上帝請你往上走。

在人的一生中，多數人都會碰到一些困境，雖然每個人所面臨的問題各不相同，但所感受到的精神壓力和情緒的低落卻是相似的。無論你是遇到怎樣的困難，當你發現幾乎所有的方法都行不通，每一條路上都寫著三個字—無希望，你可能會像被困在籠子裡的動物一樣，四周一片黑暗，似乎毫無出路。

✦ 不同的選擇／拼命撞牆與明智退縮

在這種情況下，你會做出怎麼樣的選擇呢？

有些人會選擇堅持下去，不輕易放棄。即使前路茫茫，他們也會堅定地朝前走，努力不懈。他們可能會一次又一次地衝撞，直到頭破血流。為什麼會這樣呢？或許是因為他們從小就被教導，不要輕言放棄，不要屈服於困難。哪怕被傷得體無完膚，他們的內心依然堅持不懈。即使外界已經認定他們失敗，他們也不會向命運低頭。這種信念深植於他們的內心，所以他們寧願做點什麼，哪怕只是徒勞無功，也不想坐以待斃。他們用一次次的碰壁，一次次的頭破血流，來堅守他們的信念，雖然付出了苦痛，但也感動了自己，卻也消耗了自己……

✦ 重新思考／明智的選擇與不必要的傷害

或許你聽過這麼一句話：「寧可找牆來撞，也好過無牆可撞。」這句話想要告訴我們，人要有目標，要為了目標而努力。但我想告訴你們的是，撞牆是一種不明智的做法，真正的聰明人不會去撞牆！當你面對一堵牆時，你應該思考如何繞過它、越過它，或者尋求別人的幫助。簡單來說，為什麼非得撞上去呢？如果你今天在一場格鬥競賽中，對手比你高出數倍，體重也是你的好幾倍，如同小螞蟻對上大螳螂，你會怎麼做呢？最好是理智地承認失敗！當你主動趴下時，裁判開始倒數5、4、3、2、1，比賽結束，你輸了。你會因此覺得自己膽小怯戰嗎？會擔心觀眾瞧不起你嗎？面對實力相差懸殊的對手，能打贏只有在電影情節中才會出現，在現實生活中，明智地退後，而不是用傻笨的方式傷害自己，這才是智人之舉。

✦ 三把金鑰匙

有時候，你知道嗎？服軟、認輸、承認自己不行，這其實是人生中非常重要的智慧之一！當你學會坦然地說出：「對不起，這部分我不懂，這方面我不太行，我缺乏這方面的知識……」的時候，意想不到的是，因為你敢於真誠表達，願意承認自己的不足，周圍的人也會因此而願意伸出援手。這就是人生三把金鑰匙之一－「不知道」。

當你願意接受自己的不足，放下自尊心，也願意認輸，你內在堅硬的隔閡開始緩解，逐漸變得柔軟，開始隨順機遇，宛如水一般，能屈能伸。水的特點就是順從自然，但它的力量卻又堅強無比，能滴水穿石。一個成熟的人從懂得服軟開始，才能真正做到放輕鬆。這便是第二把人生金鑰匙－「放輕鬆」。

然而，當面對艱難的困境，有人會選擇另一種極端，他們不多思考，直接放棄。表面上，他們似乎明智，懂的保護自己避免消耗多餘的能量。然而，這種放棄並不代表真正的愛自己，真正愛自己的人在欣賞自己的同時，也接納不足和不完美的自己。他們在行動中不斷成長，散發光芒，活出自己的風采。他們不是一昧放任自己，而是努力提升，盡力去實現理想。然而，另一方面，不經思考地放棄是源於內心的怯懦和不自信。這樣的人是缺乏勇氣的，是源能量未被啟動的表現。你真的了解自己嗎？你花了多少時間去深入了解自己？這便是第三把人生金鑰匙－「看自己」。

在這兩種極端之間，找到平衡才是明智之舉，也就是人生的中道。

✦ 一切有因／無偶然

在這個世界上，所有你遇見的人和事，都不是偶然的。每一個人，每一個事件，都有其存在的意義。宇宙中從來不存在「偶然」這一概念。那些看似困境的遭遇，實際上是為了賦予你人生的功課。人往往在逆境中成長得更快，而順境中只是享受快樂罷了。正如古語所說：「苦難即菩提」。當你的人生似乎走到盡頭，所有的門窗似乎都關閉時，實際上是上帝在邀請你向上走。向上走，意味著提升你的內在，轉換到不同的頻率，而不是一味地碰壁，更不是坐以待斃。

✦ 超越二元思維／提升意識

你之所以無法找到出路，通常是因為受困於非此即彼的二元思考，被習慣性和習氣所束縛。受困於死板的線性思維，無法以更高的角度看待問題，因此無法綜觀整個局勢。要改變這種情況，需要保持清醒的覺知，並隨時轉換頻率，從不同的角度看待事情。

✦ 衝突與成長

每次的衝突、每一個困境，都是你成長的契機。當你能夠不斷地突破自己，你的意識也會獲得更好的擴展和提升。意識通過衝突來實現突破，所以說衝突是意識最好的營養。當你能站在更高的角度，以更高的頻率看待世界和人生，你會感到豁然開朗。記住，人生永遠都給我們留下一條路，那就是向上提升的路。

✦ 本章總覽

- 「服軟、認輸、承認自己不行」，這是人生的智慧。因為你願意服軟，願意認輸，旁邊能幫助你的人就來了。這就是人生三把金鑰匙當中的一把——「不知道」。
- 一個人真正的成熟就是從懂得服軟開始，也才能做到真正地放輕鬆。這就是第二把人生的金鑰匙——「放輕鬆」。
- 真正愛自己的人是在心理上欣賞自己的同時，也接納不夠好不完美的自己。在行動上努力提升自己，綻放內在的光輝，活成自己想要的樣子。
- 你是真的瞭解自己嗎？你用了多少時間來讀懂自己？這是第三把人生的金鑰匙——「看自己」。

- 每一個人、每一件事都不是偶然的，宇宙中從來都沒有「偶然」這回事。
- 往上走，就是把你的內在提升起來，轉換到另外的一個頻率，而不是一直撞牆，更不是坐以待斃。
- 之所以找不到出路，是因為非此即彼的二元認知，在不知不覺中被慣性跟習氣牽引。因為死板教條的線形思維，導致格局及高度不夠，無法俯瞰全局。想改變需要保持在一個清醒的覺知狀態，然後隨時轉換頻率。

第三講 — 生命中的可能性

學著接納、學著允許，決定了你的生命中存在著多少可能性，也決定了你的世界有多大，有多豐盛，有多精彩。

讓我們來討論一下關於分別心的議題。分別心意指我們在觀點中進行區分、劃分的思維模式。這種思考方式是否有問題？我們是否因此將自己的生命局限了呢？讓我們來深入探討一下。

✦ 生命的局限

一個人的生命本質上是極其豐富寬廣的。以一公尺長的線段為例，每個點都代表一種可能性。然而，我們在生活中卻不斷進行選擇和分別，從而將可能性逐漸壓縮。首先我們在整段線中間切一刀，將一半劃分為「好」另一半是「壞」。既然是壞的當然要去掉，於是剩一半，此時線有50公分。接著在「好」的那一段裡，你又切了一刀，把它分成了「我喜歡的」和「我不喜歡的」，此時我喜歡的線有25公分。接下來你又在「我喜歡的」一半裡繼續切，把它分成了「我擅長的」跟「我不擅長的」，此時我擅長的有12.5公分。你不過就切了三刀，做了三次選擇，至此你生命的寬度就從原本的100公分變為了12.5公分。然而遠遠還沒有結束，你依然繼續把「我擅長的」切分為「目前合適」跟「目前不合適」，把「合適」切分為「錢多」跟「錢少」，把「錢多」又切分為「我媽支持」跟「我媽不支持」，此刻線的寬度剩下約1.56公分。但這樣就停了嗎？……若不斷地切下去，到最後，代表你的生命的可能線變成了小小的一個點。在不斷二分法的選擇模式下，將自己的生命局限在越來越小的範圍內。

✦ 尋求生命的延展性

為了能實現你深思熟慮選擇之後的目標，你虔誠地祈禱，上帝也樂意幫忙。但是讓祂特別為難的是，祂不知道要怎麼才能把好機會、貴人跟好運氣，準確無誤地投進你生命的那個小小的縫隙里。最讓祂為難的是機會在擅長的那段線，但貴人在錢少的那段，好運氣竟是在我媽不支持的裡面。祂也只是一個上帝啊，並不是一名專業的投手，祂嘗試著用各種方法引導你能開放那段錢少的線，來遇到命中的貴人，但你已將可能性刪除，此刻上帝依然認真的投遞，擲了九十九次沒有中，終於在第一百次的時候成功地投中了，好機會進了你保留的縫隙裡！上帝正想要歡呼可以稍做休息，結果發現投進的球被彈回來，因為就在昨天，你的選擇更換了。你發現原來你擅長的其實並不真的擅長，沒有把握在競爭中勝出，於是你跳到不擅長那邊，準備先去充實自己。就這樣，你把上帝都搞暈了、崩潰了！你自己覺得非常鬱悶，心想一直誠心祈禱，上帝卻對你置之不理，遲遲未能等到好運，然而你卻不知道，上帝正捶胸頓足比你還鬱悶呢！所以，生命的空轉或失意是誰造成的，當然是自己啊！

✦ 了解分別心

接下來我們聊聊什麼是「分別心」。其實指的是當我們只從自己的角度看待事物，用自己的主觀想法來判斷，這種分別不是對外界的東西做選擇，而是對你的整體生命和可能性做了界定。就像把一條廣闊的生命曲線不斷的以二分法來切割，你會發現 1/2 的N次方趨近於零。這將使你原本廣大無垠的生命，變成了只剩下一道細細的縫隙。

然而，一旦你擺脫了這種分別心，開始擴大心靈的容量，多方嘗試不同的事物，不那麼絕對地定義好壞，允許多樣性共存，不急於下定論或作出反應，讓所有可能性並存。你會驚訝地發現，你的生命寬度成倍地擴展，以2的倍數不斷增長，而2的N次方則趨近於無限大。

✦ 去除分別心的好處

去除分別心有何好處？對誰好？當然是對自己好！有人誤以為這是佛教的教義，因為佛教主張慈悲，所以告誡人們要遠離分別心，初聽起來似乎是為他人著想，是為了利他。但實際上，真正受益的是你自己。因為只有當你放下分別心，才能容許各種可能性進入你的生命，各種機會、奇蹟和夢想才會湧現。學習接納和允許，這決定了你的生命有多少種可能性，也決定了你的世界有多大，多麼豐富，多麼精彩。

本章總覽

- 是你自己定下的各種標準，導致你接收禮物的縫隙像頭髮絲一樣，然而你要的禮物不僅很大還時常變化。
- 分別心就是當你只從自我出發，以自己主觀的喜好來評斷，那分別的不是外界的人事物，而是你自己整個生命的完整性及可能性。
- 當你去掉你的分別心，不斷地擴大自己的心量，不那麼絕對的定義好壞，允許各種多樣性發生，不要凡事立刻做出評判及反應，讓所有的可能性同時並存，學會接納萬事萬物的一體幾面。這時候，你會發現你生命的寬度開始不斷地擴張，趨近於無窮大。
- 學著接納、學著允許，決定了你的生命中存在著多少可能性，也決定了你的世界有多大，有多豐盛，有多精彩。

第四講 ｜ 無需去證明你有價值

不管今天你活成了什麼樣子，都要讓自己回到最初的狀態。那種狀態就是中性寧靜，你只是活著，只是一種存在而已。

學生 Spring 自述：

我出生的時候，並沒有被迎接，我是不被祝福地來到這個世界的。我媽媽告訴我，她當初真的覺得這輩子不應該有我這個孩子。那是在六十年代，那時人們更看重事業。當她知道懷了我，她試圖用各種方式讓我能流掉，她認為我的存在會影響她的事業。後來，當我長大了，她也在很多場合半開玩笑地提起這件事。在一次偶然的機緣中，一個修行佛法的人告訴我說：「如果你以這樣的方式來到這個世界，那麼你一定是有特殊使命的。」我當時就好像聽到了宇宙的聲音，只剩下一句話在我腦海裡迴響著：「你有使命。」所以，我一直問自己，我究竟是為了什麼使命而來？

一直以來，我告訴自己不許生病，不許給旁人找麻煩，不許成為家人的負擔。另外我覺得這個世界上有太多人需要我。我的家人需要我，朋友需要我，夥伴需要我，還有很多比我更弱勢的人也需要我。所以，我覺得我不能表現虛弱的一面，我必須變得更強大。這就是我為什麼加入小喬老師的天使班的原因，我希望通過學習療癒的方法，讓自己變得更加強大，這樣我才有能力去幫助更多的人。

小喬老師：

剛剛 Spring 跟我們分享了她為什麼加入天使班學習的原因。她的故事中，有一個觸動了我很深的部分，就是關於「一個不被歡迎的生命」。

當一個孩子在母親的肚子裡成長的時候，他其實已經能夠感知了。母親和孩子之間的情緒共振是直接而完整的。如果一個女人因為某些原因不想要自己的孩子，甚至將他視為災難，這種情緒孩子是能夠感受到的。這些否定的信息會進入孩子的潛意識，導致孩子內在形成了自我否定的性格原型。當這個孩子在十月的孕育的過程中不斷感受到自己是不被歡迎的，長大後他可能會傾向於悲觀、消極和缺乏自信，甚至會覺得自己不值得擁有美好的事物。但是，這樣的生命定型了嗎？其實不是的。有些人可能會因此而激發出另一種動能，他們會在任何地方都試圖證明自己，比其他人更加努力，追求卓越，這種行為是為了證明當初母親是錯的。在他們的潛意識裡，有股憤怒的動能驅使著他們，因為他們的存在曾被否定過，不被認可，甚至會被終止。

這股動能會驅使他們想要逆轉，告訴所有人。

「我不是阻礙，我要證明我不是。我不僅不是阻礙，我還能夠推動他人，我是他人需要的人，我是一個對許多人有價值的存在。」

他們會一直努力去證明自己的價值。終其一生，無論是對伴侶、孩子、朋友，無論是在家庭還是職場，他們都會努力扮演著正面積極的角色。這樣的扮演好嗎？當然是好的。但是，這也會帶來一個問題，就是他們內心持續著一種自我消耗。因為他們的潛意識頻率源於「我沒有價值」，內心持續地有著這種負面的信念。為了對抗這種信念，他們需要不斷證明「我有價值」，這導致他們的生活從「我沒有價值」到「我要證明我有價值」的循環。這種證明的渴望是潛意識自發的，他們可能並不一定為了讓別人看見，別人也許早已覺得他們很優秀了，可以停下來歇歇了。但是內在的驅動力卻讓他們不停止。他們覺得自己能幫助的人越多越好，這樣來自外界的認可也就越多，這也代表著他們越有價值。

✦ 內耗的循環

這種模式下產生了一個被忽略但極為嚴重的問題，就是他的生命能量不斷地被吸入一個無底的黑洞，彷彿陷入永無止盡的循環。儘管他展現出積極陽光的外表，但內心卻在不斷地耗損。這種情況會讓身體、情緒和精神失去平衡，可能導致亞健康狀態，甚至產生生理或心理上的疾病。

那麼，該如何調整這種狀況呢？首先，我們需要重新構建信念系統，重新定義生命的意義。生命的誕生是宇宙因緣和合的結果，靈魂從虛無中的震動頻率與有形的物質頻率相交融，並非為了追尋意義、使命或價值而來。意義、使命和價值是社會觀點，是大眾意識的產物。從靈魂的層面來看，我們只是來體驗這個有形有相的物質世界。

因此，我們的存在本身就是價值，我們並不需要不斷證明自己的價值。我們仍然可以幫助他人，追求自我價值，讓許多人從我們的幫助中受益。外在的一切看起來可能並無改變，但最重要的是，我們與宇宙能量的連接和交流得到了改變和補充。

✦ 靈魂的簡單／生命即存在

我們的核心信念模式應該轉變為：「我坐在這裡本身就是價值，我的呼吸本身就是意義，我無需證明什麼。」在必要的場合和時間，我會隨著因緣的流動去協助他人。我幫助他人的行為與我的價值無關，我只是有能力並樂意去這麼做而已。我的價值不由他人評斷，是我自己決定的。至於是否有價值，我自己是最終的裁決者。我可以偉大得像天空，也可以謙卑如足下的塵埃，我有多大，全憑我的心情和意願。今天我想成為天，我就是天；今天我想成為塵埃，我就是塵埃⋯⋯。

今天我們一起上課，形成了一個能量場，多人同頻共振的場域裡會帶來很多特別的收穫，就像剛剛 Spring 的分享，她的故事為我們帶來了一份禮物，實際上在座的人中也有人有類似的經歷。

Spring 的努力和機運，讓她能夠在自己設定的目標下，一定程度上展現出自己的價值。然而，目前她面臨的問題是，儘管身體感到極度疲憊，但她不允許自己停下來。對於為何要如此，她感到困惑。當有人需要她幫助時，她就像突然打了雞血被注入了能量，不管多累都會全力以赴。然而，一旦回到獨處，她的能量似乎被抽空，留下虛弱的感覺。當再次有人尋求幫助時，她又會像被點燃的火花，迅速行動。她好像一直處於這樣的模式中，不斷地消耗自己的能量。

然而，世界上有更多的人也感到自己毫無價值，想要證明自己，但卻未能找到證明的機會，也未有機會擁有展示自己的舞台。他們甚至無法有具體有效的行動來提升自信心，所以儘管渴望證明，卻依然處於被內外否定的痛苦狀態，生活在黑暗之中。

不管你今天的生活是什麼模樣，都要讓自己回到最基本的狀態。那種狀態是中性寧靜，你只是存在著，只是活在當下。順從著因緣，跟隨著內心的導引，抓住每個當下，去體驗它，去感受它，無需刻意地去證明什麼。

本章總覽

- 當一個孩子在母親的肚子裡孕育時，即具備了感知的能力，母親與孩子情緒的共振是完整並直接的。
- 此刻的訊息都會收到這個孩子的潛意識裡，媽媽否定這個生命的到來，孩子接收到否定的頻率，於是就形成內在自我否定的性格原型。
- 這樣的行為模式持續下去，生命能量就被不斷地吸到一個黑洞裡，如同一個永無止境的輪迴，雖然展現出正面積極陽光的模樣，但在內在卻是不斷在內耗。
- 需要重建信念系統，重新定義生命來調整。一個生命的到來，是整體宇宙運作的因緣和合，靈魂從虛無的震動頻率，與有形物質的頻率相結合，不是為了來找意義找使命找價值的。
- 在靈魂的層面，只是來體驗這個有形有相的物質世界。所以我的出現我的存在就是價值，我不需要證明。
- 不論今天活成了什麼樣子，都要讓自己回到最初的狀態。那種狀態就是中性寧靜，你只是活著，只是一種存在而已。
- 隨順著因緣跟著自己的心走，去把握每一個當下，去經驗它，去體驗它，無需刻意地去證明什麼。

第五講 — 進入頻率的世界

每一個人的生命都有屬於自己的花季，不要讓旁人把你自己的節奏打亂了，更多的安住在祥和寧靜的頻率中，待花季到來，自然盛開！

✦ 調整頻率就能夠改變一切

在談到頻率和萬象之間的關係時，我們需要先接受一個觀點，那就是頻率決定了事物的樣貌。所有的事物，無論是有形還是無形，實質還是虛幻，它們之間的區別在於它們的振動頻率。細微的振動頻率呈現為無形的存在，例如人的思想、感覺和意識。較為粗糙的振動頻率形成了有形的物質，例如桌子、椅子、人體等等。

想像一下，液態的水冷卻後變成固體的冰塊，加熱後變成氣態的水蒸氣。無論是液體、固體還是氣體，它們的結構都由水分子組成。這告訴我們一個結論，溫度和環境可以改變物質的形態，但本質不變。然而，頻率的調整會改變事物的本質。越接近本質的頻率越微細。雖然一個人可以透過服裝和整形改變外表，但內在的神韻、格局、氣場和智慧並不會因此改變。我們的一生，從成長到衰老，從固體到氣體，也就是從有形到無形，這個過程實際上就是實相和虛幻的不斷交替。死亡是人們普遍害怕的事情，但是所有的事物都遵循因緣而生、因緣而滅的規律，世界萬物都在「生成、存在、衰變、空無」（成、住、壞、空）之中循環往返。

✦ 輪迴難息

讓我們思考一下輪迴的本質是什麼？實際上，靈魂始終存在，不生不滅、不垢不淨、不增不減，它總是存在著。然而，在有形的世界中，靈魂通過無數次的生成、存在、衰變和空無的變化。輪迴即是靈魂在變化中保持著原本的頻率，甚至累積了更多的負面頻率。但是，如果一個靈魂在這過程中持續提升自己，追求喜悅之事，積累善業，提升頻率，最終回歸源頭，則代表成功脫離輪迴，功德圓滿。宇宙賦予每個靈魂不同的經歷，以讓靈魂透過這些經歷尋找深層的理解和體驗。可惜的是大多數人深陷於經歷本身，無法超越角色所帶來的情緒和精神壓力，只覺得生活充滿痛苦。事實上，所有事物都是因緣的產物，循環地變化著。

在宇宙中，所有的事物都以螺旋的能量形式呈現出動態的特性。當你的意識與愛的頻率共鳴，儘管經歷著生命的變化，你的整體頻率會朝向更高層次的方向。然而，如果你將生命看作是一場苦難，你將不斷接受低頻的暗示，將自己的能量引向低谷。對於那些深受痛苦觀念困擾的人，我們需要為他們提供解碼和療癒，因為情緒對他們的影響已經使他們遺忘了靈魂的感受和使命。

想要理解生命的奧秘，需要從宇宙的真相和真理開始學習，而這必然涉及到頻率和振動。頻率共振是最高層次的療癒方式，療癒師可以透過振動的頻率來感知和療癒他人。

我們擁有人體是一種美妙的體驗，這個身體是宇宙賦予靈魂的寶貴禮物。人體是一個跨越不同層面的存在，它同時包容了有形和無形的存在，並讓它們能夠協同運作。靈魂只有在擁有身體的時候才能夠進行進階。以一個比喻來說，當我玩遊戲的時候玩到第五關，如果我的靈魂離開了我的身體，也就是死亡，那麼我怎麼能繼續前進呢？我只能停留在第五關，直到我再次擁有新的身體，才能夠繼續向前晉級。靈魂無法在沒有身體的情況下修煉進步，經驗和體驗只有透過身體才能夠實現。當我們出生並開始感知這個世界時，通過我們的感官，我們能夠體驗這個世界，並進入各種關係之中。我們產生情感和慾望，並透過這些情感和慾望去體驗這個世界。在這個過程中，靈魂獲得了療癒和修煉的機會，從而持續進化和提升。就像一個學生必須參加考試來證明自己的學習成果一樣，靈魂需要透過人體的體驗來證明自己的成長和進化。

✦ 頻率的視角

試著用頻率的角度看待事物，把站在你面前的人看作是一個振動的能量體。例如，當你的媽媽在發脾氣，過去你可能會被她的情緒影響，進入到關係的糾結中，心裡充滿各種不滿和抱怨，例如：

「又怎麼了？」

「從小就這樣對我，我都這麼大了你還這樣！」

「我就是因為有你這樣的媽媽，我才會變成這樣子！」

「為什麼別人的媽媽就不會這麼不講理，這麼大脾氣……」

從頻率的視角看，你會看到一個叫做媽媽的能量體，她正在產生憤怒的振動頻率。那麼你會想：

「我要被她的頻率影響嗎？我已經懂得頻率的原理，怎麼能讓她的情緒影響我！我應該想辦法改變現在的能量場，調整頻率。」

這一瞬間，你脫離了以往的身份，眼前的事情變得簡單了。你將你眼前看到的只視作一個帶著特定頻率的個體，她正在發出某種頻率的能量。在這個時刻，你需要思考的是：

「我應該接納這個頻率還是去處理它？」

或者「我只需要保持平靜，安住在自己內在？」

或者「我知道這個頻率太強我無法轉化，我得先專注於保護自己。」

如果你能用這樣的方式來看待世界，你就會自然地維持平靜的心境，擁有珍貴的平常心。「平常心」和「無分別心」無法被強制表現，因為這兩種心的頻率是中性的，讓人感受到廣闊的寧靜。若是被強迫假裝，只是表面功夫，心靈內部仍然不自在。然而，當你用頻率的觀點來看待世界時，你不會被角色和立場所困，不會深陷於關係的糾葛中，自然而然地看待一切，逐漸趨向無分別，自然而然地擁有平常心。

對待自己也是一樣，你自己也是一個能量體，時刻都在不同的頻率振動中。當你情緒激動時，你可以知道：「我的情緒頻率較強，這件事引發了我的情緒波動，但這只是一個波動頻率而已，我隨時可以進行調整。」

✦ 徜徉在愛的頻率中

在頻率的世界裡，你會愛每一件事物，不論是一把椅子、一個蘋果，甚至是一滴水。當物品出現在你眼前，你會想著，這個物品是宇宙用某種頻率組成的，此刻它可以為我所用，即使我不需要，我也不想浪費，我會分享給其他人。分享不僅帶來福報，也增加愛的能量，這就是「愛出者愛返，福往者福來」的道理。這個世界上，有許多人了解如何運用頻率讓他們的財富倍增。我們經常聽說一些企業家或富豪捐出大部分財產，這對我們來說可能難以理解，實際上是因為我們對錢財和資源有誤解。

當我們明白身邊的萬物，無論有形或無形，都是平等的頻率表現時，我們會像珍惜鈔票一樣珍惜一張紙，像珍惜鑽石一樣珍惜一粒米。當你擁有這樣的心態，你的生活會有顯著的改變。打開水龍頭時，你會嘗試不讓水流失得太快。多數人總覺得資源有限，於是「搶」的心態讓人習慣性地積聚資源，害怕不夠用。然而，這種匱乏的頻率讓人失去了能夠積聚資源的能力。很多人有個共通現象，他們難得存下一筆錢，卻很快花光。這是因為他們身上散發著耗散的頻率，造成他們周遭的情景也是如此。因此，首要是學習以意識去調整頻率。

想要擁有財富，首先要進入豐盛富足的頻率中，並與之共振。財富不是單純地靠思考，例如「這個可以賺一千，那個可以賺一萬」，而是想像已經擁有財富的情境，並感受到自己是富人的心情。

只有這樣，你才能與宇宙金錢流的頻率共振，開啟一個能量場，讓金錢流動的頻率進入你的生活，帶來賺錢的機會。這些機會將自然而然地出現，你只需要抓住，財富就會湧入。焦慮和急迫對解決財務困境毫無幫助，首要的是調整根本問題，專注地冥想並感受富足的狀態。在機會來臨之前，調整你的頻率非常重要，否則可能一事無成。同樣重要的是不要被人所約束，要透過觀察內在，運用智慧，深度思考，找到屬於你生命的節奏和軌跡。了解自己所處的季節，春耕夏耘秋收冬藏，不要在錯誤的時機急著收成。每個人的生命都有其花季，不要讓他人打亂你的節奏，更多地停留在祥和寧靜的頻率中，等待花季的來臨，自然盛開！

本章總覽

- 關於頻率振動和世間萬象，我們要先確立一個觀點，就是頻率決定了一切的樣貌。
- 頻率決定了所有「相」的存在形式，不管有形、無形、實的、虛的，它們的區別就在於振動頻率不同而已。
- 頻率調整的是本質，越接近本質的頻率越細微。
- 所有的一切都是因緣而生，因緣而滅，世間萬物都在「成、住、壞、空」里不斷循環演變。
- 輪迴就是一個靈魂在每一次成住壞空的演變中，靈魂的頻率沒有產生變化甚至還累積更多的負面頻率。但是如果一個靈魂在經歷成住壞空的過程中，不斷地精進，做喜樂的事，增加幸福感，積善積德，提升靈魂的頻率，最終會回到源頭。

- 宇宙裡所有的世界萬象都是動態的，以一個螺旋的能量形式呈現。如果你的意識跟著愛的頻率，雖然在經歷成住壞空，但是它整體頻率是螺旋向上的。可是如果認為人生就是一場苦難，那麼你就會一直接受低頻的暗示，不斷地被旋往底下。
- 人體是一種跨界的存在，在這個載體里，有形和無形可以同時並存及運轉。最重要的是靈魂只有在擁有身體的時候才能進階。
- 福分會因為分享而更多，愛也因為分享而更多，這就是「愛出者愛返，福往者福來」。
- 想擁有財富，首先要做的就是進入豐盛富足的頻率，並且不斷與那個頻率共振。
- 進入宇宙金錢流的頻率，打開能量場讓金錢流的頻率進入你的身體，同頻共振會顯化給你獲取財富的機會。
- 「隨順」意指，要通過內在、外在的觀察，運用智慧做深度思考找到自己生命的節奏跟軌跡，客觀地判斷自己現在處在何種情境中。

第六講 — 如何玩轉頻率改寫人生

換頻後的重啟才是高維的幸福人生

在之前的課程中，我們已經一同探索了頻率的世界，相信大家對於頻率已經有了一定的理解。接下來，我們將討論如何運用頻率，重新塑造你的人生，實現自己的願望。

在這個世界上，能量是可以轉換的，正因為如此，我們才有改變人生的機會！如果一切都是注定，都是不可改變的，那麼我們談何改變命運呢？而改變命運的方法，就是透過轉換頻率。

✦ 用頻率來干預

當我們提到改變命運，很多人可能會想到求神、拜佛、卜卦、參加法會、持誦咒語等。這些方法是否有效呢？多數情況下，這些方法確實能夠產生效果。這些做法背後的原理是頻率共振，透過這些方式，你與高頻率的能量共振，從而實現特定目標。然而，這些方法的效果與你主動轉換頻率相比是不同的。因為這些方法並不是源於你內在的能量，它們可以在特定情況下對外在事件產生一定影響，但並非總能如你所願。同時，這些效果的持久性也有限，很大程度上取決於執行儀式的人的修行和能力。儘管如此，我並不反對你們去嘗試這些方法。如果你面臨急迫的情況，需要迅速緩解或改善，那麼參與法會等方法確實有一定的幫助。那麼，我們應該如何主動地轉換頻率呢？當我們已經理解了頻率的概念，我們就要學會用頻率的角度來看待這個世界。在我們的眼中，每個人、每件事物都是一個帶有特定振動頻率的能量體。

比如說，此刻你的媽媽正在發脾氣，你可以將她視為一個正在散發憤怒頻率的能量體，她在這個情況下的身份就是「我的媽媽」。然後，你可以根據以下三個步驟來處理這種情況。

第一步—自我保護。考慮到她正散發出強烈的負面頻率，你可以先將自己的注意力內收，想像自己被一個蛋形磁場所包圍，就像是一個雞蛋的外殼保護著你。接著，想像媽媽的負面能量波來襲時，從你的蛋殼外側滑過，不受其影響。

第二步—感知。靜靜地觀察你面前這個正在發怒的能量體，感受她因憤怒而引起的生理反應。然後，接受這種能量，開始感知它。在這個過程中，你可能會感覺到自己的胃疼、胸悶，甚至可能有些身體刺痛的感覺。不要分辨這些感覺是來自你自己還是媽媽，只要知道你們正在同一個場域中，互相共振。

第三步—調整頻率。開始釋放正向的振動給媽媽，你可以這樣對她說：「媽媽，你可以罵小聲點，否則你會感到很累。我會認真聽，你慢慢說！我倒杯水給你，你坐著說。」

當你這樣說出這些話時，場域就會開始轉變，她可能會放緩攻擊的節奏，停下來。然後，你繼續對她說：「我知道你是為了我的好，我理解你擔心我，慢慢說，我在這裡聽著。」這樣，她的情緒可能會突然間減弱一半，攻擊力度也會減少一半。這就是透過頻率共振改變現場能量場的方式。

回想過去，我們常常用解釋、說明、抗議、辯解等方式來應對媽媽發脾氣的情景。這種方式往往會導致負面情緒的交互增強，像是兩個波相遇爆炸，進一步擴大了情緒的影響。同時，這樣的情緒爆炸可能也會影響到周圍的人，如父親、孩子等，使整個場景會因此更加混亂。

因此，我們一定要學習調整頻率，改變這種情況。首先，我們需要觀照，察覺此刻的情境中存在的是一個怎樣的頻率。然後，我們可以開始進行頻率的調整。當我們對頻率有深刻的理解和感知時，我們就知道在任何場景中，發出正向的頻率波是多麼的重要。這不僅在家中適用，同樣適用於其他場合，例如在機場遇到航班延誤時，可以發送正向頻率來穩定周圍的情緒。

✦ 理解頻率的運作

很多人都關心人該如何趨吉避凶？答案是：當你的頻率足夠高的時候，你自然而然就會遠離災難跟不好的事情。所以選擇遠離低頻的人和物是很重要的。

舉例來說，有一次我的學生陪我去買手機，她堅持要在櫃檯前檢查手機是否正常。然而，我對手機的品牌和型號已經充分研究過了，所以我相信它不會有問題，並毫不猶豫地購買了。我的信心來自於我對產品的了解和選擇，而不是擔心它會有問題。這種正向的頻率和信念也幫助我遠離不必要的疑慮和擔憂。

有人問我說：「你經常坐飛機飛來飛去，難道不擔心出什麼意外嗎？」我回答：「從未想過，也沒必要想。我覺得就算掉下來，那也是生命計價最有高的方式離開，而且聽說那是無痛的。飛機下落時，因為壓力，人的腦壓無法承受，瞬間就失去知覺，何必擔心呢？何況，害怕也不能避免死亡，害怕事情發生也不會讓它不發生。」

有些人整天擔心生活中會不會出問題，危機意識是好的，但可惜的是，他們卻忽略了生活中已經存在的美好事物，將注意力總是放在問題和負面可能性上。為什麼呢？為什麼要如此活著呢？為什麼要把精力浪費在那些讓你擔心害怕的事情上？然後還花時間金錢去做防護，一邊又抱怨生活很難？

我告訴大家，源能量的修行方式在於學會掌控頻率，讓它隨心所欲，可高低可起伏。我曾遇到一個心理諮詢的案例，一位媽媽告訴我，她的兒子每次要買玩具，如果她不答應，兒子就會在地上哭鬧，這令她束手無策又尷尬。我建議她，下次兒子要玩具時，她可以先坐下來模仿他，躺在地上大哭，然後對兒子說：「不要再讓媽媽買給你了，我不買了！」【全場笑聲響起】媽媽有些驚訝地問我：「這真的可以嗎？」我回答：「怕什麼？難道不好意思嗎？下次試試看！」雖然她沒有在公共場合試，但在家裡試了一次，兒子立刻嚇呆了。【現場歡笑連連……】

✦ 遊戲人生／人生有趣

所以你看，當你能夠把所有事情都視作頻率的時候，就能夠開始嘗試玩轉人生！畢竟，人生就是一場遊戲嘛！不管是開心玩，還是苦哈哈地玩，都是過一輩子。為什麼我們不能以玩耍的心態，輕鬆快樂地度過每一天呢？而且，玩耍的心態本身就是一種輕柔的頻率。我們提到過高頻的事物通常更細膩、輕盈、柔和。所以，當你擁有一種玩耍的心態時，你就將自己帶入了相對高頻的狀態中。

舉例來說，如果你的男朋友對你生氣了，過去的你可能會心裡湧現無數負面的想法，像是他不耐煩了、不再愛我了，他變得不溫柔不包容，現在追到手了就這麼對我！這些念頭會源源不斷地湧入你的腦海。然而，這些想法不僅無法改變當下的情境，還會製造更多問題。但當你學會以頻率來生活，你就不會陷入纏繞的能量場中。當你把他的生氣視為一種頻率時，你會先保護自己，然後想辦法如何與這個頻率互動，如何調整這個頻率。你可以依照情況安慰他，或撒嬌，完全不需要擔心失去面子，也無需為了保護自尊而努力。你知道嗎？面子和自尊並不是輕易就能放下的，能輕鬆自如是修行的成果。只有在你深刻理解最高的運行法則之後，你才能真正看穿許多世俗的虛假，進入生命的本質，那些表面的束縛自然就不再影響你。這時，你可以自我暗示：我是頻率的高手，我可以隨心所欲地引導情緒，讓你流淚也好，讓你笑也好。如果我不高興，我可以共振你的情緒，然後再輕易地調整回來，不受沾染，又開心起來！

正是因為你敢不按牌理出牌，不拘泥於世俗常規，你才會突然發現，你有能力重新定義你生活的規則。但為什麼大多數人無法擺脫原有的框架呢？因為他們太害怕了！太在意他人的看法！他們害怕失去，害怕失敗！他們在乎別人怎麼看待自己！這兩個情緒，害怕和在乎，就像鐵鍊一樣將你束縛住，讓你無法自由自在。因此，你只能做一些按部就班的事情，更不用說去創新和改變了，你只能按照既有的框架行事。許多人都想要過不平凡的生活，想要在眾人中脫穎而出，但你有多少獨特的想法和勇氣與眾不同？如果你沒有與眾不同，沒有嶄新的想法和勇氣，你怎麼能比別人更出色呢？就像烹飪一樣，你得先有優質的食材，才能做出美味佳餚！所以你自己是什麼樣的素材，你就會創造出什麼樣的人生。不要怨恨別人，一切從重新改變自己的內在開始。首先要提升自己的頻率，喚醒你的內在潛能，即使一切需要重新開始，也不要灰心。因為在頻率提升的重新出發中，才能體驗到高維度的幸福人生。讓我們這個過程中，拓展自己的視野，拓展自己的事業。

本章總覽

- 世間的能量都是可以轉換的，改運的方法就是轉換頻率。
- 當我們瞭解了頻率之後，我們就要開始以頻率的視角來看這個世界。在我們的眼裡，每一個人、每件東西都是一個帶有某種振動頻率的能量體。
- 我們一定要學會調頻。首先要先觀照到，此刻遇到的是一個什麼樣的頻率，然後再開始調頻的動作。
- 要是對頻率有很深的理解感知的話，就會知道在任何一個場，都向外發散正向的頻率有多麼重要。
- 當你的頻率夠高的時候，你自然而然就會跟災難、跟不好的事情擦身而過。
- 源能量的修行方式就是學會能夠控制轉換你的頻率，讓它可高可低可上可下，任運自如。
- 當你今天可以把一切都看成是頻率的時候，就能用玩的心態，輕鬆愉悅地過日子。而且玩的心態，是一種很輕很柔的頻率，所以當你用一種玩的心態的時候，你就是讓自己身處在相對比較高的頻率中。
- 換頻後的重啟才是高維的幸福人生，大家就慢慢地體會，在這個過程里，去把自己的格局打開。

心情小語：

Becoming Your Own Master
成為自己的門徒 ─────── ✦

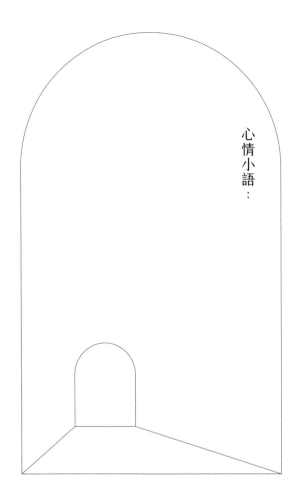

成為自己的門徒

Becoming Your Own Master

作　　者　洪敏喬 Anna Hung
美術設計　陳家妤 Vien Chen

出　　版　華商整合行銷股份有限公司
403台中市西區向上南路一段148號1樓
電　　話　04-2472-9278
傳　　真　04-2472-8279
劃撥帳號　2285-6468
戶　　名　華商整合行銷股份有限公司

經銷代理　白象文化事業有限公司
401台中市東區和平街228巷44號（經銷部）
購書專線　04-2220-8589
傳　　真　04-2220-8505
印　　刷　基盛印刷工場
首版一刷　2023年9月
建議售價　新台幣350元

國家圖書館出版品預行編目(CIP)資料

成為自己的門徒Becoming your own master : be the shepherd of humanity in the new age of consciousness / 洪敏喬 著　初版　臺中市：華商整合行銷股份有限公司,2023.09
面：　公分
ISBN 978-986-99935-1-7　（平裝）
1.CST ：靈修

192.1　　112014745